JN076233

「引き寄せ」の教科書 最終編

「創造」の教科書

LAW OF CREATION

Amy Okudaira
奥平 亜美衣

The TEXT of
LAW OF CREATION

Amy Okudaira

はじめに

「ものごとは心にもとづき、心を主とし、心によってつくり出される」

これは、仏教の経典のひとつである『ダンマパダ（法句経）』の冒頭で語られているお釈迦様の言葉です。この言葉はこう続きます。

「もし汚れた心で話したり行ったりするならば、苦しみはその人につき従う。――車を引く牛の足跡に車輪がついていくように。

もし清らかな心で話したり行ったりするならば、福楽はその人につき従う。――影がそのからだから離れないように」

『ダンマパダ』の中で大昔から語られているように、現実はあなたの心、あなたの内面に反映して形作られます。あなたの心次第で、目に映る現実は変わっていきます。

私たちに見えている世界というのは、自分の内面、自分の心というデータをもとにして映し出された立体映像のようなものなのです。

つまり、実体は心であり、生きている空間と時間はそれをもとに創造された仮想現実だということ。

本書のテーマである「引き寄せの法則」とは、このことを現代風、スピリチュアル風に言い換えたものです。

この法則は、気づいていても気づいていなくても、誰にでも平等に働いています。

そして「引き寄せの法則」を理解し、実生活の中で意識的に活用していくことは、この仮想現実ゲームの攻略法を知ることなのです。

「引き寄せの法則」という言葉だけ聞くと、どんな願いでも叶う、なんだかキラキラした魔法のように感じるかもしれません。

しかし実際は、**すべては自分の心が反映しているだけであり、自分が引き寄せているということを受け入れる**ところから始まります。「引き寄せの法則」を理解するには、真摯に自分の本心と向き合わなくてはならず、それはとても厳しい道のりだと感じる人もいると思います。

しかし、それを乗り越えて「引き寄せの法則」を理解し、あなたがあなた自身の心を理解することができれば、あなたは、目の前で起きている現実について理解することができるのです。そして、すべては自分の内面の反映だと気づくことができます。

これが、**世界がどのように創られているかを知る最初の目覚め**になります。

そして、この法則を自分のものにして、実生活に活かしていくことにより、このお釈迦様の言葉は本当のことなのだ、と実感するとともに、あなたの人生はとても生きやすいものになっていきます。今どんな現実の中に生きていようとも、自分の心の在り方を変えていけば、それを現実に反映させていくことができるからです。

本書では、前作『「引き寄せ」の教科書』（Clover出版）に続き、「引き寄せの法則」、そして現実創造の方法のすべてを解き明かします。

前作『「引き寄せ」の教科書』を出版してからも様々な学びがあり、現実創造という面ではますます確固としたものになってきたほか、魂にはそれぞれのプログラムがあることや、精神の状態には段階があることなど、新たにわかってきたこともたくさんあります。

それを、この『「創造」の教科書』でお伝えしていきたいと思います。

（本書は『「引き寄せ」の教科書』をお読み頂いている前提で書いており、『「引き寄せ」の教科書』で解説していることは、あえて解説をしていないことをご了承願います）

さあこれから、心の世界へ、真理の世界へと旅立ちましょう。

目次

第二章　魂の願いを見つける

第四章　願いが叶っている現実を創造するまで

第五章　願望が叶わない理由

第六章　現実はあなたの心を映す鏡

第七章　仮想現実に生きる

おわりに

第一章　人間の欲求の四段階

欲求の四段階

「引き寄せの法則」というのは、前作『「引き寄せ」の教科書』でお伝えした通り、**自分が本心から信じていることを、そして、その本心から出ている波動、あなたが出している周波数と同じものを現実に引き寄せる**、という法則です。

この法則自体は、願いが必ず叶うという法則ではありませんが、この法則を利用して、願いを叶えようとする人も多いでしょう。

そして、その人間の願い、欲求にも、次のように段階があります。

■第一段階　思考と肉体の欲求

■第二段階　魂の欲求

■**第三段階**　真理への欲求

■**第四段階**　宇宙創造への欲求

そして各段階によって、自分とは何であるかという認識も違ってきます。

■**第一段階**　自分とは肉体と脳（思考）である。死後の世界をまったく信じていないか、死後の世界はあるかもしれないけれど、基本的にこの人生がすべてであり、現世の利益を最重要視している。

■**第二段階**　自分とは肉体と脳（思考）でもあるが、本質は魂であり、肉体が死んでも魂は消滅することはない。何度も輪廻転生をして成長していくことを確信していて、現世を充実させていくことと同時に、魂の成長が大事だと考える。

■第三段階　自分とは空（くう）であり、形のない意識である。

■第四段階　自分とは、空であると同時にあの世もこの世も含め、宇宙の一切を創造した創造主であり、創造されたすべてであり、無限である。

また、各段階がどのような状態かというと次の通りです。

■第一段階　思考と肉体の欲求

思考と肉体の欲求とは、物欲、権力欲、承認欲、金銭欲、性欲、人に勝ちたい、ラクをしたいなどのこと。この段階にある人は、社会的にいいとされていることや人に認められること（名誉や安定や人気、より多くの資産など）や、刹那的な肉体の欲求などの動機から願いを形成する。

そして、それらの願いを、アファメーションや念やイメージング、または現実的な努力などで、願いに集中することで叶えようとする。

思考と現実の関係に気づき始めている段階で、願いに集中することで願いが叶うこともあるが、願いは叶っても、波動は安定していないので、不調和を引き寄せることもある。

思考での引き寄せであり、頑張って引き寄せよう、願いを叶えて幸せになろうとしており、人生をコントロールしようとしている状態。

状況や他人に幸せを依存しており、願いが叶うことで一時的に幸せや満足を感じることもあるが、この世に変化しないものはなく、状況や他人、そして自分自身の気持ちさえも必ず変化するため、またすぐに不足感に陥る。

そのため満たされることがなく、叶えても次々と求め続けてしまい、果てしない欲望の渦へ落ちてしまいやすい状態。自分のことしか考えなかったり、自分さえよければ、というような考えにも陥りやすく、そうなると周囲と不調和が起きる。

ここで、欲望に取り憑かれてしまうと、肉体が死んでもその想念により、地獄的な環境を自分で創造する。

■第二段階　魂の欲求

自分の本当の願いは魂に由来するということに気づく段階。いくらお金があっても、人から認められても、自分自身の魂の願いを叶えない限り、幸せとは無関係であると理解し始める。

目に見えている世界はすべて、自分の心、自分の内側の反映だと気づき、幸せは状況や他人に依存することなく、自分自身が創造する以外に得ることはできないこと、そして願いが叶う叶わないは幸せに関係がないことが、理解できるようになる。

自分の本当の望みと、自分自身が幸せの波動を出すということ以外にあまり興味がなくなり、必要なもの以外は求めなくなる。

波動での引き寄せであり、ただいい波動を出しているだけで、引き寄せようとしておらず（願いを叶えようとしておらず）、ただ起こってくる出来事の流れに乗っていくことで、願いは自動的に叶っていく。

結果に対するコントロールを手放し、今という瞬間に意識が向いている。

必要なものは与えられ、すべては完璧なタイミングで起きているとわかる。

この段階では、自分の欲求＝他人が求めていること、となって周囲と調和する。自分＝すべてだ、ということに気づき始める状態であり、自分＝他人であるから、他人の幸せも同じように願うことができる（ただし、他人の幸せというのはその人次第だということも理解している）。

この段階で、何か大きな意思のようなものを感じるようになり、その大きな意思を読み取り、流れに乗ることで、引き寄せ放題のような状況が訪れる。

状況に左右されず、幸せを創造する方法を身につけており、個の人間として本当に満たされる。

初期の目覚めの状態。

■第三段階　真理への欲求

自分とは何か、どうして肉体を持ってここに生きているのか、宇宙の始まりとは何か、全創造世界の仕組み、そうしたことを知りたいというのが、唯一の興味、願いとなり、この世で何か願いを叶えたい、何かを手に入れたいということに、ほとんど興味がなくなる。

この世がリアルなものではなく仮想現実だということに気づき、自分の本当の姿は目に見えない心であると理解することで、本当の平穏、幸せと言えるものを手に入れた状態。なぜならこの世のすべての苦しみは、この世がリアルであると思うから発生するため。

本格的な目覚めの状態。

■第四段階　宇宙創造への欲求

真理にたどり着くと、これこそすべての人が求めていることであり、たどり着くべき真理であると理解するため、それをほかの人にも広めようという意思と誓いを持った段階。

その意思が、新たに宇宙を創造することになる。なぜなら、真理を広めたいという意思が、それを広めるために必要な惑星（場所）、時間と空間、広められる側

の人間（他人）、他人とのあいだに起こるストーリーの一切を創造することになるため。

このようにして宇宙を創造していくことこそが生命の進化であると悟る。

第三段階、第四段階については、引き寄せというテーマから少し離れることもあり、この本では詳しく扱いませんが、ご興味のある方は、ブログや今後の書籍で書いていきますので、そちらをお読みください。

本書では、第一段階、第二段階の願望についての引き寄せ方、現実が創造される仕組みのすべてを詳しく書いていきます。

現実創造の仕組み

「思考は現実化する」という言葉を聞いたことのある人は多いでしょう。しかし、すべての思考が現実化するわけではないというのは、誰もが実感することだと思います。

では、どんな思考が現実化するかと言うと、思考のうちでも、本心や信念とまで言えるようになった思考だということは、前作でお伝えした通りです。

①は顕在意識と呼ばれる領域で、私たちが普段思考と呼んでいるものです。そして②は、その思考のうち、自分の本心と言えるもので（無意識のものも含みます）、潜在意識と呼ばれる領域です。

そして、この図の②にあるものが現実化します。

「ものごとは心によってつくり出される」というお釈迦様の言葉を「はじめに」で

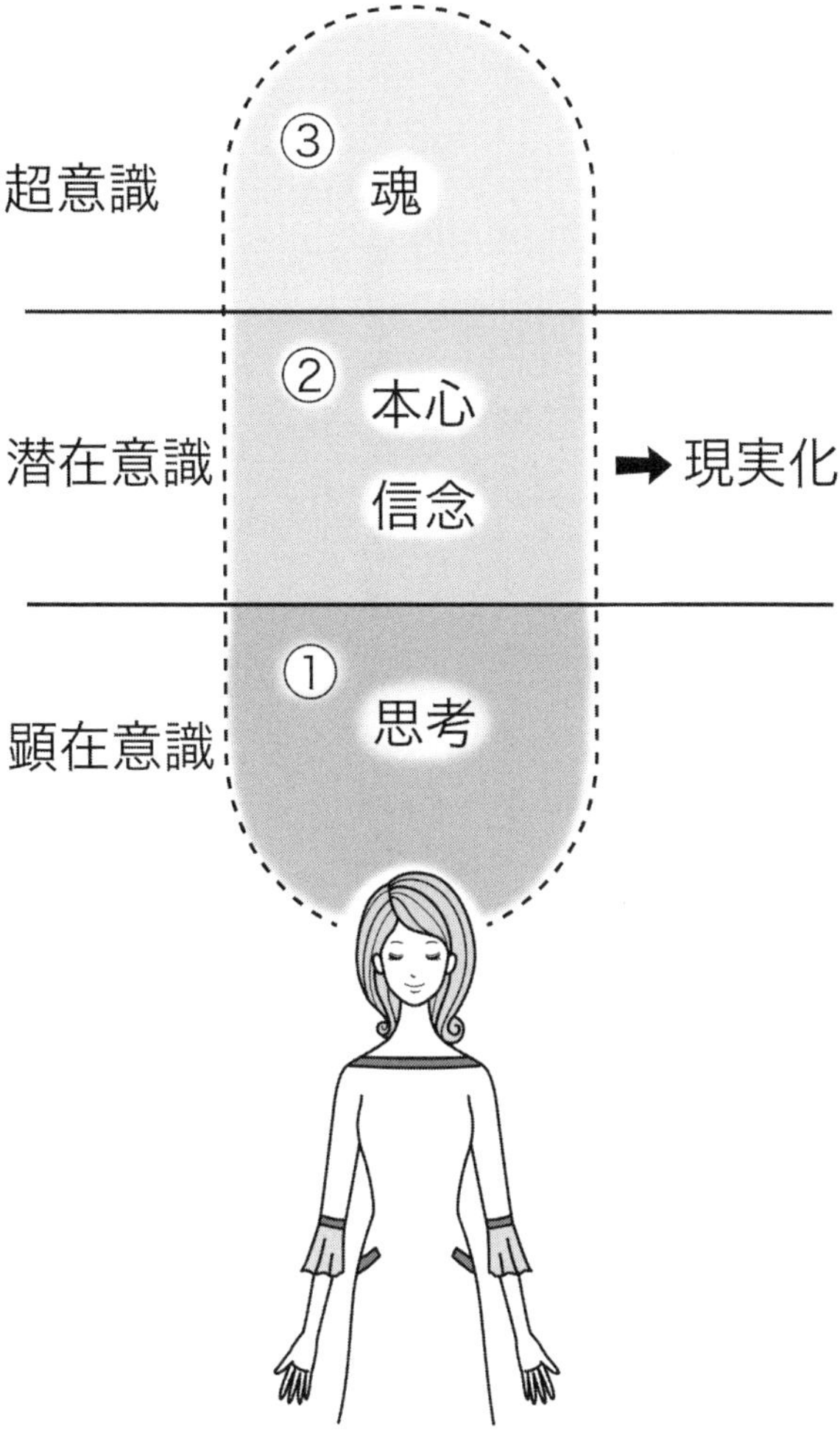

超意識
③ 魂

潜在意識
② 本心
信念
➡ 現実化

顕在意識
① 思考

ご紹介しましたが、心、つまり本心によって現実は創り出されているのです。

本心が現実化するのはなぜか？　それは、『「引き寄せ」の教科書』でもご説明している通り、**あなたというのは、本当は個の人間ではなく、「すべて」である形のない心だから**です。「あなた＝世界」、もっと言えば、「あなた＝宇宙」「あなた＝創造主であり、創造されたものすべて」なのです。

こうして、**思考を本心にまで引き上げて現実化するのが、第一段階の引き寄せ**になります。

また、さらに潜在意識の上には、超意識と呼ばれる領域があり、これは、私たちが魂とかハイヤーセルフ（高我）と呼んでいるもののことだと思ってください。

魂については、のちほど第三章で詳しく解説しますが、この②の部分には、思考から引き上げるだけでなく、魂から降ろしてくることもできます。**魂から降りてきたものを自分がキャッチして、その方向へと自分の肉体と思考を向けていくこと、これが第二段階の引き寄せ**になります。

第一段階の引き寄せは第二章で、第二段階の引き寄せは第三章と第四章で解説していきます。

これまでに様々な「引き寄せの法則」に関する本を読んだ、という方も多いかもしれません。その中には、「願いに集中したほうがいい」というものもあれば、「願いを手放したほうがいい」というものもあり、混乱したことのある人もいるかもしれません。

第一段階では、主に願いに集中して願いを叶える方法を取ります。そして、第二段階では、願いに固執するのではなく、魂から来るものに従い、ただし毎日いい気分、幸せな気分でいれば、自然と本当の望み、魂の望みに導かれていきます。

どちらも間違いではなく、ただ段階が違うということです。

ただし、人間としての進化という意味では、第一段階よりは第二段階、そして第三段階、第四段階へ行くにつれて、進んでいるということになります。

あなたはすでに引き寄せの達人

どの段階にある人でも、実は、**みんなすでに引き寄せの達人**です。生まれたときから、いや生まれる前からずっとそうなのです。

自分の本心が現実に反映するというのは、宇宙のルールであって、個人の能力によるものではないからです。

何か修行しなくては達人になれないわけではなくて、誰でもすでに、潜在意識にあるものを現実化し続けています。

ただ、**意識的に自分の望むことを創造しているか、無意識に自分の望まないことを創造しているか、という違いがあるだけ**なのです。

「引き寄せできないんです」「望みが叶わないんです」という人にこれまでたくさん出会いましたが、それはなぜかというと、望むことではなくて、望まないことばかり考えているからです。

あなたの本心がそのまま現実に現れてきますので、例えば、日々不満ばかり感じていたら、それをそのまま引き寄せてしまうことは仕方のないことなのです。

そして、自分自身が「できないんです」「叶わないんです」と思っていて、そしてその通りに創造している、ということにまず気づきましょう。ちゃんと創造できているのです。

これは、すごいことだと思いませんか？

もし、毎日が楽しくないとしたら、頭の中も毎日楽しくないなあ、と思っているはずです。

もし、誰か嫌いな人がいたとしたら、頭の中もあの人嫌だなあ、と思っているはずです。

本心から思っていることと現実が違う、ということはあり得ません。

ですので、みんな、自分の思っていることをそのまま引き寄せている引き寄せの達人なのです。

達人だと言われても、もちろん、どうしても叶えたいことが叶わなかったり、思ってもみなかったようなトラブルに見舞われたり、逆に想像以上のことが叶ったりするというようなこともあるかもしれません。

しかしそれは、魂の視点から、そしてさらに空(くう)の視点から見ると必要なことであった、とわかる日が来ます。

この意味でも、どんな人であっても引き寄せの達人なのです。

創造の能力、現実化の能力はみんな同じなのです。

それを信じているかどうかの差はあり、信じていれば、自分の信じていることを当たり前に経験する現実を創造し、そうでなければ、自分の信じていることをなかなか経験できない現実を創造します。

しかしどちらも、自分の信じている通りになっているのです。

この、**「自分はすでに引き寄せの達人なのだ」**という理解は大事です。望まないことを考えているから望まないことを引き寄せるということがわかったら、頭の

中を変えていけばいい、と素直に思えるようになるからです。

その理解があれば、自分がいつも考えていること、そして、その思考から出ている波動、つまり自分の内面へと、もっと意識を向けられるようになるからです。

大事なことは、「実は最初から自分はすべてを創造する力を持っていたんだ、特別なことは何もする必要はなかったんだ、自分がすべてを創り出した存在なんだ」ということに気づくということです。

自分の思考と波動を自分で選択していくことを続け、目に映る現実が変化したとき、あなたは、自分の持っている力に気づくことができます。

また、どの段階にいる人であっても、引き寄せの達人であることには変わりませんが、その創造の力の大きさは、「第一段階」＜「第二段階」＜「第三段階」＜「第四段階」となります。

つまり、第一段階の思考と肉体の願いを現実化させたとしても、その願いが魂の願いとずれていれば、魂の願いを現実化させていく方向へ引っ張られますし、魂の望みを現実化させたなら、その次の真理への欲求、そして宇宙創造への欲求が自動的に湧き起こってきます。そして最終的には、宇宙の一切を創造している自分にたどり着きます。

なぜなら、それが進化の方向であり、すべての生命は常に進化の方向へと向かっているからです。

現実は、あなたの意識を映す鏡

「はじめに」で、『ダンマパダ』のお釈迦様の言葉をご紹介しましたが、ものごとは心によってつくり出される、というのはこういうことです。

あなた自身が曖昧な人であれば現実も曖昧になり、何をやってもなんだかはっきりしない、イマイチ生きている意味もわからないというような現実になります。

あなた自身が自分に対しても人に対してもいい加減に接していれば、例えば、頼んだものが期日までに来ないなど、あなたもそう扱われます。

あなた自身がとても猜疑心が強ければ、何を見せられても疑いたくなるようなものしか引き寄せませんし、欲望丸出しですと同じような人を引き寄せて騙されたりしますし、いつも足りない足りないと思っていると、ますますいろいろなものを失うでしょう。

悩んでばかりの人は、誰に話を聞いてもらっても、どんなアドバイスを得たとしても、ピンとくる答えは得られず、結局悩むでしょう。

他人の立場などまったく理解せず、自分自身の要望だけを貫こうとする人は、人から話を聞いてもらえなくなるでしょう。

いつも自分で決めることなく人に決めてもらおうとする人であれば、どんな占いに行っても満足のいく結果を聞くことはできないでしょう。

人を利用しようとするなら、利用されるでしょう。
自分自身を責め続けている人は、人からも責められます。

何か悪いことが起こったとして、その原因はあなたにあります、と言っても、なかなか受け入れられない人は多いのですが、それは、自分自身を知らないから。自分自身の性質や、本音、本心を知らない人はたくさんいますが、現実を見ると、あなたの心は丸わかりになります。そこに、あなたの本当の姿が現れてきます。

あなたにとっていいことであっても悪いことであっても、あなたはすでに引き寄せの達人なのです。

目に映るものはすべて、あなたの心の在り方、心の動きを正確に反映しているのですが、通常は、それを認識する力がありません。しかし、あなたが目に映る出来事に惑わされるのではなく、目に映る出来事を通して自分の心を深く見つめ

るようになっていけば、本当に心が目の前に現れているということを自分自身で認識できるようになってくるでしょう。

内面と目に見える世界が呼応しているということ、それを理解するのが、「引き寄せの法則」を理解するために最初にするべきことになります。

そのために大事なのは、自分の心を深く知っていくということです。

どのように心が現実に映し出されているかは、第六章でさらに詳しく解説します。

次章より、段階別に現実創造の方法を見ていきましょう。

第二章　肉体と思考の願いを叶える

願いを叶える二つのステップ

すべての願いに共通することですが、願いを叶えるには二つのステップが必要になります。

ステップ1は、素直に望むこと。
ステップ2は、その願いに波動を合わせていくことです。

波動を合わせていく、というのはどういうことかというと、あなたの願いが叶ったら、あなたはどんな気持ちがしますか？　という問いに対して出てくるその気持ちを、願いが叶う前に感じるということです。また、すでに願いが叶った状態、つまりもう願っていない状態に自分をもっていくということです。

つまり、まだ見ぬ未来に幸せを求めるのではなく、今ある現実の中の幸せに気づくこと、そして、日々できる限りいい気分でいること、自分のやりたいことのうち、今できることをやっていくということです。

ステップ1とステップ2が矛盾するように感じるかもしれません。私がお伝えしているのは、望みは持ちつつも、それが叶っていなくても幸せを感じていくということだからです。

しかし、この感覚が掴めるかどうか、これができるようになるかならないかが、あなたが引き寄せ上手になれるかなれないかの分かれ目といえます。

願いを叶えて幸せになろう、とする限り、「願いがまだ叶っておらず幸せでない今」というものを創造し続けてしまうので、望みは持ちつつも、それには関係なく、幸せを感じていく必要があるのです。

ここから、この二つのステップについて詳しく見ていきましょう。

まずは正しく願いを放つ

本章では、第一段階の肉体と思考の願いの叶え方を解説していきます。

人はみんな、もっとお金が欲しい、こうなりたい、あれが欲しい、パートナーが欲しいなど、願いを持ちますが、まず、そもそも「願う」というのはどういうことなのかを見ていきましょう。

目に見える世界は、すべてあなたの「心」や「意思」によってできています。

今、まだ自分自身の精神次元が低いところにあれば、自分とは力のない一人の人間で、現実と自分は切り離されたものであり、自分が現実に与える影響に気づきませんが、精神次元が高い状態にあればあるほど、すべて自分の心だということがわかるようになってきます。

ですので、今この時点ではわからない人もいるかもしれませんが、この宇宙すべてがあなたの心によってできているのです。

つまり、**何か叶えたいことがあるのであれば、まず大事なのはあなたの心でありあなたの意思です。**「こうしたい」「これが欲しい」「これがいい」という意思を持つこと。

どんな願いであっても願いを叶える最初のステップは、まず、その願いを正しく放つ、あなたの意思を正しく放つ、ということです。

ちゃんと意思を放っていれば、それに呼応する現実を経験しますが、それができていないケースというのはとても多いのです。

例えば、パートナーが欲しい、結婚したいという望みを持っている場合。

その、パートナーが欲しいとか、結婚したいという望みの理由を考えてみてほしいのです。

そのとき、

「老後に一人になりたくないから」

「子供を産むには年齢にリミットがあるから」
「経済的に不安だから」
「適齢期なので親や世間の目が気になるから」
「仕事が嫌なので辞めたいから」

というような答えが出てくる人が実際とても多いのです。

しかしこれらは、結婚したいという望みの理由になっていないことがわかりますでしょうか？　これらは、結婚したい理由ではなく、ただ起こってほしくないこと、嫌なことを述べただけなのです。

これらは、結婚したら解消されると勘違いしがちですが、結婚したって相手が先に死んだら老後は一人ですし、結婚したって子供が産まれるとは限らないし、結婚したって経済的に豊かになるとは限らないし、結婚したって人の目を気にする人は気にするし、結婚したら仕事が辞められるとは限りません。

これらはすべてまったく結婚に関係ないし、全部起こってほしくないことですね。

結婚したいと言いつつ、結婚にはまったく関係のない、しかも望まないことばかり考えているということであり、この状態であれば、正しく願いを放っていない、正しく意思を持っていない状態ということになります。

あなたが考えていることをそのまま引き寄せますから、これでは、結婚したいという望みは叶うはずがありませんし、逆に望まないことばかりを引き寄せます。

願っているつもりでも、「望んでいないこと」「起こってほしくないこと」に意識が向いてしまっているケースはとても多いのです。

「願いそのもの」に意識を向けているのか、「願いが叶わないと困ること」に意識を向けているのかで、経験する現実は大きく変わります。

「願う」「望む」ということについて誤解されている方、望み方がわかっていない方がたくさんいらっしゃいますが、望んでいるというのは、当たり前のことではありますが、**「起こってほしいことや自分のやりたいこと、欲しいもののことを考**

える」ということです。

この場合、ではどうすれば本当に望んでいるという状態になるかと言うと、「大好きな人と、愛し愛されながら、喜びも悲しみも乗り越えながら人生をともにしていきたいから」

このようなことが、結婚したいという願いの理由になっている状態というのが、本当に望んでいるということになります。

また例えば、お金について望んでいる人もいるかもしれませんが、お金であれば、それを望む理由が、今収入が少ないから、将来が不安だからではなく、そのお金でどんなことがしたいのか、何を得たいのか、それを考えることが、「正しく望んでいる状態」になっていきます。

自分の望みを考えたとき、ワクワクして前向きな気持ちが生まれるなら、その望みは叶う方向へ動いていきます。自分の望みを考えたとき、焦ったり、切羽詰まったり、不安になるなら、その焦りや不安がそのまま叶います。

願いの動機

先ほどご説明した通り、「願い」というのは、その動機がなんであるかによって、同じ願いでも経験する現実はまったく異なったものになります。同じように願いを持っても、叶う人と叶わない人がいるのは、その動機が違うからです。ですので、何か願いがあるときというのは、その動機や理由がなんなのか、深く考えてみてください。

自分がその願いの動機に気づけば気づくほど、まさに、その動機通りの現実を経験しているということに気づくでしょう。

不安だから、足りないから——そうした動機から願えば、不安で足りない現実を経験し続ける、ということです。

逆に、それが好きだから欲しい、やりたいから望むという状態であれば、ちゃんと欲しいものが手に入りますし、やりたいことができるようになります。

また、願いには「いい願い」「悪い願い」というような分類はありません。社会的な基準でのいいも悪いも関係なく、自分が本心からそう望むのであれば、それを創造することは可能です。どんなブラックな願いでも関係ないということです。

例えば、殺人や窃盗や詐欺などの悪いことも、この地球上で起きてしまうのは、どんなことでも本心になれば現実化する、というのがルールだからです。

コロナは誰が引き寄せたの？

この原稿を書いている2020年というのは、コロナウイルスの話題で世界中が持ちきりで、「コロナウイルスは誰が引き寄せたの？」と聞かれることもよくありました。

疫病、災害、戦争など、個人の意思と関係なく起こることについては、それには理由があります。

というのも、最初にお伝えしたように、この世界は仮想現実であり、その仮想現実を作った人というのが存在するからです。

私たちが、2次元のコミックや小説を無限に作ることができるように、上の次元、私たちより高度な科学を持った次元の人は、3次元の仮想現実を無限に作ることができるのです。

私たちは、その中で作られたキャラクターであり、その中で起こるストーリーというのは決まっているのです。

しかし、その仕組み全体を作っているのも自分であり、だからこそ自分の心がそのまま反映します。その辺りは、次回以降の書籍で詳しくお伝えしたいと思います。

このように、全体のストーリーとして、起こることは起こります。しかし、世

界にはコロナウイルスがまだ確認されていない国もあり、そこに住んでいる人の中にはこのコロナ騒動そのものを知らない人もいる、というネットの記事を見たことがあります。

私自身も、今この時点ではコロナにかかってないですし、周囲にもかかった人がいないので、もしニュースや社会的な規制がなければ、コロナウイルスの存在などまったく知らないか、まったく関係のないものだったでしょう。

この世界中を巻き込んだ事態も、その中でどのような経験をするか、それをどう捉えるかはその人個人によってまったく違いますし、その人次第です。

そこで恐怖を創造する人もいれば、コロナのおかげで人生が良い方向へ向かい、喜びや幸せを創造した人もいます。

コロナをいいことにするか悪いことにするかは、あなた次第なのです。

つまり、皆が同じようにコロナを引き寄せているのではなく、それぞれが、それぞれの現実を選択しているのです。

引き寄せというのは、起こることをコントロールするのではなく、起こったことに対してどのような選択をするのか、その選択がその人が経験する現実を決める、ということです。

すべて自分が創造している、というとどんなことでも起こせると思う人が多いのですが、あなたは何が起こってもどんな時でもいい気分でいられる（もしくはどんな気分でも自分で選べる）、これが創造であり奇跡です。

あなたは、心を選択できるのです。なぜなら、あなたの実体というのは「心」なのだから。

あなたの「意思」がすべての始まり

叶うか叶わないか、できるかできないかを気にして、願うことすらしない人が

多いのですが、まずはストレートに素直に望んでください。

あなたの「意思」がなければ何も始まりません。

先ほど、私たちは仮想現実の中のキャラクターだということをお伝えしましたが、そのキャラクターの中で湧き起こってくる意思というのも実は、そのキャラの設定の上で起こってくるものです。

ですので、それもキャラクター個人が起こしているわけではないと言えばそうなのですが、仮想現実を支配する全体の仕組みとして、「心が反映する」という法則で動いているので、「意思が始まりであり、それが創造する」ということが起こるのです。

例えば、どこかへ行こう、という意思を持ったとします。そのとき、出発とその過程と到着が創造された、ということになります。

例えば、私は今この本を書いていますが、私が書こうと思わなければ、この本は始まりもなければ終わりもありません。

たまに、本を出そうなんて思ってなかったけれど本が出たとか、結婚しようなんて思ってなかったけれど結婚した、というような人もいますが、普段そのように思っていなかったとしても、具体的にその本の制作に入った段階では、本を出すという意思が生まれたはずです。本を制作する作業や、契約書にサインしなくては本は出ませんから。結婚についてもそれと同じです。

または、実は本心のところでは望んでいたけど、自覚できていなかったか、何かほかの望みに対して意思を放っており、その過程で必要なことだからそれが起こった、というパターンも考えられます。

いずれにせよ、どんなことでも「よし、じゃあこうするぞ」という意思を自分自身が発したとき、その始まりと途中経過と完成が創造されています。

ですので、自分は何がしたいのか、何が欲しいのか、まずは意思を放ちましょう。

願いを否定しない、取り消さない

願いを正しく放ったあと、大事になってくるのが、**その意思を自分で否定しない、取り消さない**、ということです。

例えば、どこかへ行きたいという願い、行こうという意思を放てば、どんな手段でも構わないのでただ行けばいいのですが、もしそこで、いや行けないとか、いやまだ行く時期じゃないとか思っていたら、永遠にその状態が続きますし、行くのをやめようと思ったらその願いは叶いません。

行こうと思ったら行く状態が創られて、いややっぱりと思ったら、いややっぱりの状態が創られます。

例えば、渋谷から新宿に行こう、という意思を持ったとしましょう。この例ですと、「いや無理だし」と思う人はほとんどいないと思いますが、痩せようという意思を持ったとしても、それは同じです。

痩せるという意思を本気で持てば、痩せ始めとその途中と完成はすでに存在するので、もうあとはそこまでの道を経験すればいいだけなのですが、そこに、「いや太ってるし、無理だし、大変だし、だからやめよう」とくっつけて考える人が多く、そのような状態であれば、意思を放ったとしても、それを否定し、取り消している状態になってしまいます。

ですからまず、ただ、自分の本当の望みを素直に望んでいる状態、そこに余計なものをくっつけず、キャンセルせず、素直に意思を放っている状態というのを創る、ということが大事です。

「お金は汚い。汚い人だと思われたくないからいらない」

豊かになりたいと思っていても、

「稼ぐのは大変だからやりたくない」
「自分が豊かになれるわけない」

という思いを同時に持っている人は多いものです。

結婚したいと思っていても、

「誰かと一緒に暮らしていく自信がない」
「自由がなくなる」
「自分が結婚できるわけない」

子供が欲しいと思っていても、

「子育ては大変」

「やりたいことができなくなる」

などなど、人の心は複雑です。

どちらが、あなたの本心の中で大きいでしょうか？

あなたの本心の中で大きいほうが、常に現実化しています。

いつもいつも、あなたの願いは本当に叶っているのです。

叶えるのが難しそうな願いがあるとして、「叶ったらいいな」という思いと、「無理だ」という思いが、頭の中でせめぎ合うと思います。

素直に望んでいる状態というのを百パーセントにしなくてもいいのですが、少なくとも、**願いを否定する気持ちより、素直に望んでいる気持ちの割合を半分以上**

にしていくこと。理想的には、素直に望んでいるのを七十～八十パーセント以上にしていく、ということが大事です。

無理だ、と思うのは望まないことで、こうなったらいいな、と素直に思うのは望むことですよね。

望まないことではなくて、望むことで頭をいっぱいにするようにしていきましょう。

「無理だからやっぱりいいや」
「大変そうだからいいや」
「怖いからやっぱりいいや」
「よく思われないかもしれないからいいや」

となってしまうのが、願いをキャンセルしている状態ですが、そんなとき、こう考えれば大丈夫です。

「無理そうだけど、やっぱり欲しい」
「大変そうだけど、やっぱりこうしたい」
「怖いけど、叶えたい」

「○○だからいらない」と思わなければいいわけです。そうすれば、願いをキャンセルしていない状態になります。

すべてがうまくいきますように

　ここまで願い方について書きましたが、**「自分が抵抗なく、まっすぐ素直に願える願い方を考える」**ということはとても重要です。

　例えば、遠距離恋愛をしていて、彼と一緒になりたいけど、両親の健康が心配で地元を離れるのが嫌。

　こうした場合、恋愛を成就したいのはしたいけれど、「彼と一緒になりたい」とまっすぐ願うことに、どうしても抵抗が出てきますよね。

　こうした、あっちを立てればこっちが立たず、というような願いがあるとき、こう願いましょう。


「すべてがうまくいきますように」

叶う過程はお任せ、ということは何度も聞いたことがあると思いますが、こうした相反する願いがあるとき、たいていは、その過程を考え始め、「やっぱり無理だわ……」と自分で願いをキャンセルしがちです。

本当の本当に、願いが叶う過程では信じられないようなことが起こるのが常で、それは、今考えてもわかりようのないことなので、先ほどの例では、「彼のことも、両親のことも、すべてがうまくいきますように」と願い、あとは、毎日の幸せや楽しみにただ集中し、波動をいい状態に保つことだけをやりましょう。

そうすると、現実が思ってもみなかったような展開を見せ、願いが叶ってしまうのです。

ここまで、素直に願ってそれを否定していない状態、キャンセルしていない状態ができれば、第一段階のステップ1が完了になります。

アファメーションで願いを叶える

ここから、第一段階のステップ2になります。

正しく願いを持ったあと、どのように願いを叶えるかにはいくつかの方法がありますが、その代表的なものとして、**アファメーション**と言われる方法があります。

アファメーションとは、

「私は○○です」
「私は○○を手に入れています」
「私の年収は○○万円です」
「私は愛されています」

など、**肯定的かつ現在形の言葉で繰り返し自分自身に宣言していくことにより、潜在意識に特定の思考を送り込む方法**です。

アファメーションをすることにより、前章の25ページの図の①の部分を、特定の思考で満たしていき、それがさらに②の領域に十分に浸透している状態になれば、その願いは叶います。

自分自身が疑いのない状態になるまでアファメーションをやり続けて、本当に信じている状態になれば叶うのです。

しかしそもそも、アファメーションはなんのためにするのかと言うと、

- **願いがまだ叶っていないから**
- **願いが叶うと信じられていないから**

するわけです。そして、現実はその心のままを反映しますので、その状態では願いは叶いません。

ですので、**その願いが叶うときというのは、引き寄せようとしていない状態、つまりアファメーションが必要なくなったとき**です。そのとき、もう「願いが叶わない」ということは信じていないため、アファメーションをする必要はなくなっているはずです。

つまり、アファメーションで願いが叶うときというのは、

願いが叶うと信じていない
↓アファメーションをして願いを叶えようとする
↓願いが叶うと信じている状態になる
↓自然とアファメーションをやめようという気になる（もう願いが叶うと信じているのでやる必要がないから）
↓叶う

という順序をたどることになります。

「アファメーションは、どのくらいの頻度で何回やったら叶うのですか？」と質問をされる方がいますが、回数は関係ありません。自分が、（もう叶うに決まっているから）アファメーションをやる必要がないと感じるまで、というのが正解です。

アファメーションは、それが必要なくなるまで徹底的にやる根性のある人にとっては、願いを叶える方法としては有効ですが、中途半端にやると逆効果です。

なぜなら、アファメーションの初期にはどうしても、「なんとかして叶えたい！叶わなければ幸せじゃない！」という思考と波動を激しく出してしまうことになり、それが、願いを叶えることを妨げるからです。つまり、その心がそのまま現実に反映するため、叶っていない現実、幸せでない現実を引き寄せることになるのです。

また、『「引き寄せ」の教科書』では、

「○○になったら嬉しいなあ」
「○○だったら幸せだなあ」

という、感情を伴う形、感情を先取りする形でのアファメーションや、

「なぜだかわからないけど、○○を手に入れます」
「なぜだかわからないけど、○○になります」

という方法もご紹介していますので、そちらも参考にしてください。

イメージングで願いを叶える

次は、イメージングで願いを叶える方法です。

これも、アファメーションと同じで、**イメージを繰り返し発することにより、潜在意識を望みが叶ったイメージで満たしていく方法**です。

アファメーションとの違いは、言葉でやるか、イメージでやるかの違いだけです。どちらがいいということはなく、両方やってもいいいし、得意なほうを選んでも構いません。

これも、現実を無視してイメージの世界に浸り切り、イメージのほうが現実だと思えるくらいまでやることができる人には有効な方法です。自然とイメージできて、イメージしているとワクワクする、叶うとしか思えなくなる、という人にはよい方法ですが、不得意な人は特にこの方法にこだわる必要はありません。

イメージングもアファメーションと同じで、必死で願いを叶えようとしている

状態のときは、その心がそのまま反映しますので叶いません。イメージング自体を楽しみ、イメージの世界が幸せすぎて、願いが叶うかどうかはどうでもよくなるくらいになったら叶います。

ひとつ、効果的なイメージング方法をご紹介しますと、

「あのときあんなことがあって幸せだったなあ」

というふうに、**過去を思い出す感じでイメージングするやり方**です。

イメージングしている内容が未来だと思うと、どうしてもそれを求めよう、叶えよう、引き寄せようとする意識が働きますが、過去を振り返る意識なら、それが起きません。

例えば、恋愛成就が望みだったら、「大好きな彼とあんなこともしたね、こんなところにも行ったね、楽しかった」とイメージしてそれに浸るのです。

『「引き寄せ」の教科書』で、「いいこと探し」について書いていますが、これは、架空ではあるものの「いいこと探し」にもなって一石二鳥のやり方です。

イメージングで願いが叶うときというのは、

叶えたい願いがある
↓イメージをする
↓イメージのほうがあたかも現実となり、すでに幸せなので、現実がどうでもよくなる
↓叶う

という順序をたどることになります。

決まった予定として楽しみに待つ

次に、決まった予定として楽しみに待つ方法をご紹介します。
すでにブッキングをして代金を支払い済みの旅行と一緒だ、と考えるとわかりやすいです。

何か願いがあったとして、あなたが願ったということ、つまり、願いが湧き起こったということは、ブッキングしてお金も払ったということで、あとは待つだけだ、と考えるということです。

ただその日が来れば願いが叶うということです。

これをするときに大事なのは、

・その旅行ができることを疑わないこと

- **旅行をもう一回手配しようとしないこと**
- **旅行をキャンセルしないこと**

です。つまり、

- **願いが叶うことを疑わないこと**
- **願いを叶えるためにまた何かメソッドなどをしようと思わないこと**
- **願いが叶うわけないからもういいや、とその願いを自分で否定しないこと**

が大事になってきます。

もし途中で叶うのかどうか不安になってきたり、ぶれてきたら、自分自身に、「それ欲しいの？　欲しくないの？」「それしたいの？　したくないの？」と問い、「欲しい！」「したい！」と答えると大丈夫です。

願いによって、すぐに叶うものもあれば、時間のかかるものもあります。そこ

は、旅行と違っていつ叶うのかはわかりません。

また、旅行というものは、行く前からどんな経験ができるかなんとなくわかる部分と、行ってみないとわからない部分が半々くらいだと思います。ですので、全部をわかろうとする必要はありません。行ってみないとわからない部分は、行く前からわかる必要はないということです。

アファメーションやイメージングのところでも説明した通り、引き寄せようとしていない状態、願いを手放している状態になったときにその願いは叶うため、この、ブッキング済みの旅行を楽しみに待っている状態というのは、それにとても近いのです。

願いを手放すと言っても、この待っているあいだに願いを思い出したらいけない、というわけではありません。旅行を楽しみに待っているときも、ときどきその旅行のことを思い出すでしょうし、途中で忘れていたとしても、いずれその日が来れば旅行は実現します。

忘れる、忘れないはどちらでもいいのですが、ただ、叶うことを疑っていない状態になる――叶えようとしていない、自分でどうにかしようとしていない、叶うことを知っているという状態になるということです。

そうなったということにする

これは上級編のやり方になりますが、何か願いがあるときに、**もう叶ったということにして、願いに対して特に何もしない**、というやり方です。

私はこうしたい、これが欲しい、という意思を表明したら、もうそうなった、それを手に入れた、ということにしてそれで終わりです。

願いを叶えるためにいろいろなメソッドがあるかと思いますが、すべてのメソッドは、

・引き寄せようとしていない状態

・願いが叶うと信じて疑っていない状態

に自分を持っていくためにあります。その願いを直接叶えるためにメソッドがあるのではありません。

あなたの心がそのままこの世界に反映するので、まだ願いが叶ってないからあれをやらなきゃ、これをやらなきゃ、と思っているうちは、叶っていない現実を引き寄せ続けますが、

引き寄せようとしていない状態になる

↓願いがすでに叶ったのと同じ状態になる

↓自分と同じ状態のものを引き寄せる
↓願いが叶う

という過程をたどります。

ですので、どんなメソッドを採用するにしろ、**メソッドを一生懸命やることが目的ではなく、そのメソッドが必要ないと思える状態に持っていくためにある、あなたの願いが叶うことを、ただ確定事項として待っている状況にするためにある**、ということを間違えないようにしましょう。

最初は誰でも、まだ願いが叶っていないから、願いを叶えたいからこうした本を読み、〇〇メソッドをしてみよう！　というところから始まると思います。でも、行き着くところは、叶うんだから特に何もしなくていいや、なのです。

そこがわかっていれば、どの方法を取ってもいいですし、究極のところ、何もしなくても、あなたの意思さえちゃんとしていれば、つまり、**あなたがその願い**

に対して本気でありさえすれば、その願いは叶います。

ですので、究極のところは、何も特別なメソッドなどはしなくていいのです。あなたがちゃんと願いを放った時点で、それが達成される未来はもう創造されているのですから。

探し物が忘れた頃に出てきたり、別のものを探しているときに出てきたという経験のある人、願いが忘れた頃に叶った、それほど願いが気にならなくなった頃に叶ったという経験のある人は、本当に多いでしょう。

それはなぜかと言うと、あなたの心がそのまま現実に反映するため、願いが叶うと信じられなくて叶えようとしているときは叶わないし、もう叶うのが当たり前だから叶えようとしなくなったときにその願いは叶うという仕組みだからです。

ただし、叶うと確信の上、願いを叶えるためにあれこれをやる場合は叶います。ですので、その場合は頑張っても構いません。つまるところ、叶えるメソッドをやる、やらない、頑張る、頑張らないではなく、**自分が叶うことを信じ切っている**

状態かどうか、そこが大事です。

これまで、こうすれば願いが叶うという、様々な引き寄せの方法が語られてきたと思います。

例えば、

・念じたらいいよ
・書いたらいいよ
・満月の日や新月の日に、こうしたらいいよ

など。

しかし、そのどれも正しいわけでも間違っているわけでもありません。
というのも、その人がそう信じたらそうなる、というのが法則なので、それは、そのように言っている人にとっては有効だったとしても、別の人にはまったく作

用しないということが当たり前に起こります。

これが、引き寄せ難民と言われる人たちが大量に発生してしまう理由です。

また、「引き寄せの法則なんてない」と言っている人のことを聞いたことがあるかも知れませんが、それも、その人が「ない」と信じていれば、そのような現実を経験することになるということです。

つまり、どんな人も自分で自分の世界、自分の宇宙を創造しているのです。


ですので、そうした「方法論」を追いかけても、意味がありません。

どんな方法でもいいのです。もう方法を探したり、こだわったりするのはやめましょう。

今幸せ、今充実している、今楽しい、今すでに願いが叶うと信じることができている、そうした状態に自分をもっていくことさえできれば、それをちゃんとあなたは経験します。


何をやったか、どんな方法でやったか、ではなくて、あなたの心の在り方が鍵です。

この章の最後にひとつお断りしておきます。もちろん、誰がどんな願いを叶えようと自由ではありますが、私自身は、第一段階の望みにこだわったり固執したりすることはお勧めしません。

それにはいくつか理由があります。まずは、いくら思考と肉体の望みを叶えても、人間の本体は魂なので、魂の道へと引き戻されるからです（第三章に詳述）。

そして次に、前章で説明した通り、この段階での願いを叶えたとしても、幸せとは無関係だからです。また、この段階の願いにこだわり続けることにより、自分自身の魂の成長を阻むことになることがあるからです。

ただ、人生に無駄なことはないので、例えば、お金や名誉を求め、それを手に入れたところで、これは私の本当に求めていた幸せではなかった、と気づくこともまた、必要だから起こることではあります。

その意味で、してはいけないことというのはなく、何を選んでも自由です。

第三章　魂の願いを見つける

魂とは

この章では、ひとつ段階を上げて、魂の望みを叶えることについて見ていきたいと思います。

・自我（肉体、思考、感情）
・高我（魂、ハイヤーセルフ）
・真我（すべての魂の集合体、ワンネス）

真我とは本当のあなたであり、すべてであり、それしかないひとつの意識です（いわゆるワンネスと呼ばれるものであり、これが本当の自分です）。高我はそこにつながったその分身だと考えてください。通常私たちが魂と呼ぶものです。そして、私たちの肉体には、この、個の魂が宿っています。

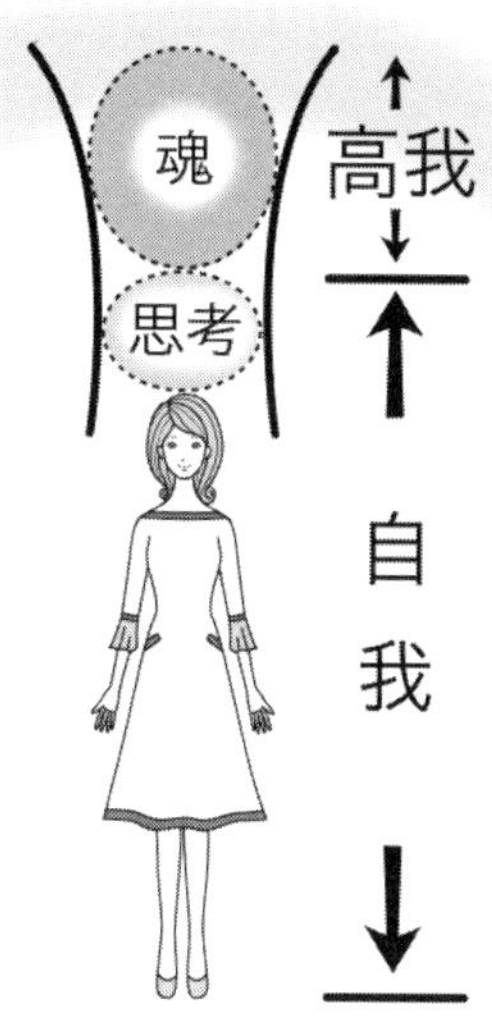

真我

真我はすべてを内包する

また、この三次元世界での自分というのは、魂、思考と精神、身体の三つで構成されたものです。

身体は目に見えますし、思考は目に見えないけれど、誰もが自分の思考の存在を疑うことはないと思いますが、普段から魂ということを意識していない人は多いかもしれません。

魂なんてほんとにあるのかな？　と思う人もいるかもしれません。この本を読んでいるみなさんに、私が魂の存在を証明してあげることはできませんが、自分の中をよく観察すると、思考とも精神とも感情とも違う「何か」があるのがわかると思います。

例えば、感情では焦っていたり、困っていたりしているんだけど、なぜか深いところで大丈夫だという気がする。

頭で考えるとあり得ないが、なぜか、そうなりそうな気がする。

理由はわからないけど、なぜか確信がある。

「これだ」という直感や「(根拠はないけれど)わかっている」という感覚。そういう経験は誰にでもあるのではないかと思います。

そういう、**思考とも感情とも違う、「知っている」とか、「わかっている」という感覚。それは魂から来ているもの**です。

ちなみに私は、小学生の頃から、将来外国に行って住むとか、外国人と結婚するということはわかっていましたし、最近のことでは、『サラとソロモン』のアマゾンのページに飛んだときに、すでにこの本に私が探してきたものがある、ということや、そのあと、本が出ることや、さらには著書がたくさん出て、それがアマゾンのページに並んでいるのも、なんとなく見えていました。

こうしたことは、頭で考えるとあり得ないし、わかるはずのないことなのですが、なんとなくわかっていて、やっぱりそうなったのです。そういう経験を積み重ねて、今は自分のことであれば、未来もなんとなくですが見えます。それは、**魂の記憶を思い出していく、というような感じ**です。

魂とつながってくると、だんだん、そういうことが感じ取れるようになってきます。

すべてはひとつだよとか、ワンネスという言葉を聞いたことがあるかもしれません。**究極のところ、私たちはすべてひとつなのです。**つながっている、のではなく、本当にそれしかないのです。

だから、個々の魂も、究極のところはありません。

ただ、この地球という仮想現実の中で輪廻転生をしている状態では、その「ひとつのもの」から生み出されたひとつの視点と役割を持ち、仮想のキャラクターとして個の魂を持ちゲームを体験している状態です。

そして、そのキャラクターとしての設定やシナリオ、それがあなたの今回の魂の目的や望みと言われるものです。

どこまでが「自分」なのか

確かに、現実は「自分」の反映です。「自分」の信念や心の状態がそのまま現実に現れています。

しかし、自分はそんなこと望んでない！　なんでこんなことが起こるの？　ということを誰しも経験していると思います。そしてだからこそ、それが信じられないという人も多いかもしれません。

何が「自分」なのか、どこまでが「自分」なのかがわかっていないと、なかなかそのことを理解し受け入れるのは難しいかもしれません。

肉体と思考と感情だけが自分だと思っていると、わからないのです。

次の図は、『「引き寄せ」の教科書』でご紹介した図を進化させたものですが、こ

の図で言うと、通常は、肉体と、①と②の部分を自分だと認識していると思います。

そして、①の思考の部分にある自分自身の望みを、②の本心まで昇華させることができれば、望みは現実化していきます。

そうやってどんなことでも、思考から現実を創ることはできるのですが、ただし、もしそれが魂の方向性と違っていたら、魂の方向性に引き戻される何かが起こるということがよくあります。

第一章でお伝えした通り、②にあるものが現実に反映して、この三次元での現実で創造されていくのですが、②には、①から思考を引き上げていくこともできるし、③の魂から降ろしてくることもできるのです。

そして、③の部分（高我、魂、ハイヤーセルフ）も自分です。と言うよりは、こちらが自分の本体です。自分の本体というのは魂なのです。もし、この世を去るときが来たら、身体はもちろんなくなりますし、身体に付随する五感もなくなりますが、魂は残ります。

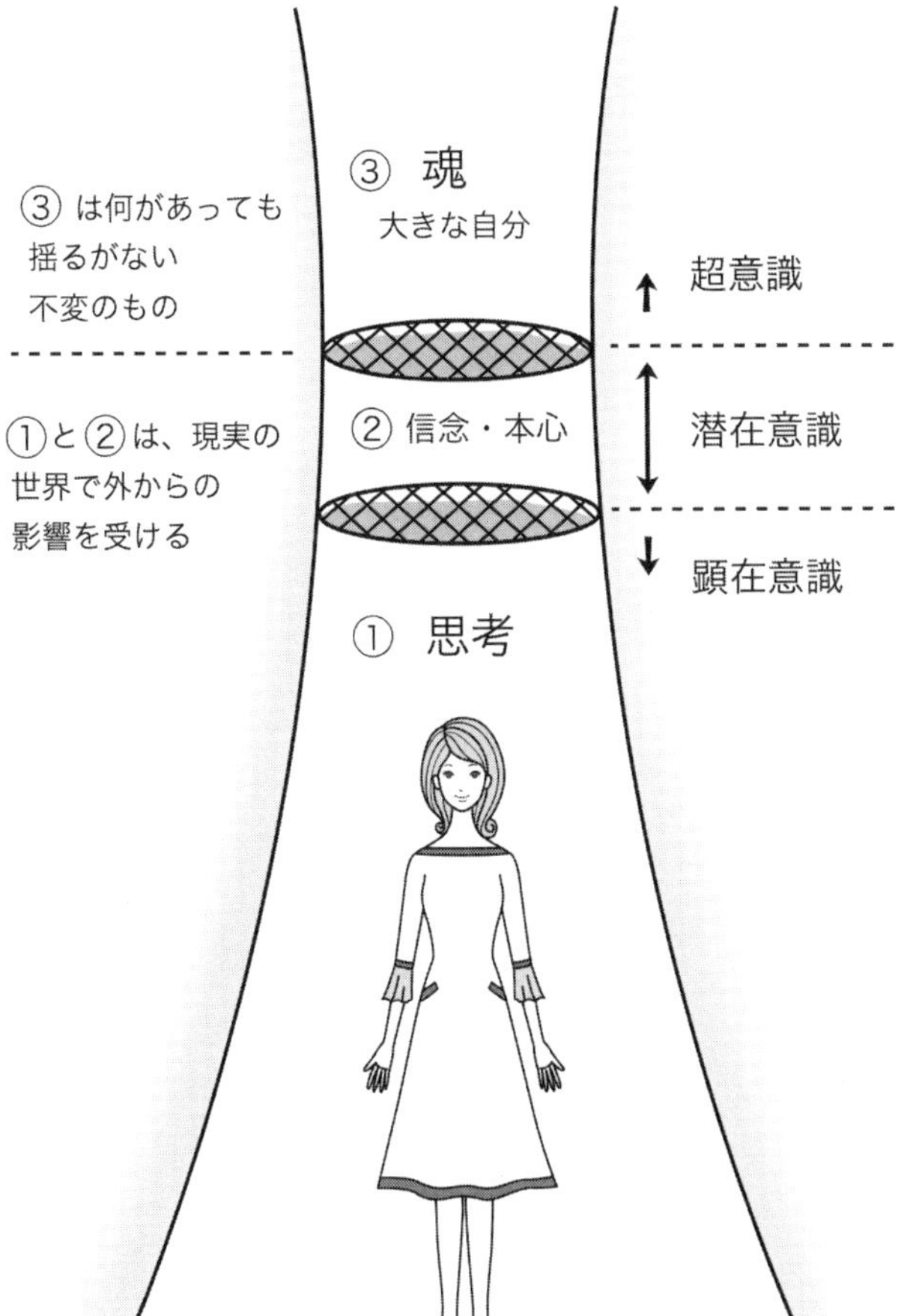

③ 魂
大きな自分
③ は何があっても
揺るがない
不変のもの
超意識
② 信念・本心
①と②は、現実の
世界で外からの
影響を受ける
潜在意識
顕在意識
① 思考

あなたという存在はなくなることはないのです。

例えば、成功したり、望みを叶えたりしても、病気やアクシデントでストップがかかるようなことを実際に体験したり、見聞きしたことのある人もいるかもしれませんが、これは、③である自分の反映で、そうなるのです。

②と③が同じ方向を向いていなければ、このようなことも起こり得ます。**自分を知る、というのは、①も②も③も知る、ということであり、知れば知るほど、本当に現実は全部自分の反映だということがわかってくるようになります。**

魂は現実化する

通常、普段の生活の中では、何かを頭で考えて、それに行動を合わせていく、ということをしていると思いますが、このやり方ですと、うまくいくときもあればそうでないときもあります。

本心から本気で思うことは実現しますが、そうでないことは実現しません。みなさん、これまで経験している通りです。

しかし、自分の本体は魂ですので、**魂に、思考と身体（行動）を従わせていくと、人生はスムーズに流れていきます。**

魂、思考と精神、身体、この自分の三要素が現実を創っていて、この三つとも全部大事ですし連動していますが、**魂を軸に、思考や精神や、身体や行動を合わせていくと、必要な出会いや出来事やチャンスを自動的に引き寄せるようになります。**

本当の引き寄せが発動した状態とも言えます。

先ほど、思考で抱いている望みを現実化させても、それが魂の抱いている望みと違っていれば、魂の望みに引っ張られる、ということを書きました。これまで「思考は現実化する」と言われてきたと思いますが、**「魂は現実化する」**と言ったほうが、より真実を表していると思います。

そもそも「魂の望み」「魂のシナリオ」「魂のプログラム」と言えるものがあるのです。それを感じ取れるようになると、シナリオにそもそもあることを望むようになるので、それは当然、叶っていきます。

私自身、「引き寄せの法則」を知ってから今まで、確かに、心から望んだことは実現してきました。でもそれは、思った通りになんでもかんでもコントロールできる、ということではありません。思ってもみなかった形で叶ったことがほとんどですし、想像した以上のことを引き寄せることが多かったのです。

それはなぜなのかと言うと、魂というものは、肉体や思考より大きいものであり、計り知れない可能性を内包しているので、それが現実化するからです。たいていの場合、思考には制限がありますし、魂のほうが大きいので、思考で全部がわかるわけではないので、想像以上の形で引き寄せられてくるのです。

魂の願いをキャッチする

①と②に大きな違いがなければ、思っていることって本当に現実化するんだな、願いって本当に叶うんだな、という状態になります。①と②が同じということは、前章でご説明した通り、いつも考えていることと、望んでいることが同じということであり、本音と建前に相違がない状態ということです。

そのように生きていると、基本的に、いつも願いが叶ったり、成功したりする

ような人生にはなっていきますが、その場合でも、③が①と②から乖離しているということはあり得ます。

願いが叶った、成功した＝魂の道を歩いている、ということでは必ずしもありません。

この世界が波動で引き寄せ合っているということに気づくようになったり、自分の本体は魂だということに気づくようになったりすると、このとき、今まで望みだと思っていたことが本当に望んでいることではなかったと気づくこともあります。


そして、**自分が自分の魂の望みに気づくようになると、①＝②＝③になり、この状態は、最強に引き寄せる状態**と言えます。

自分自身が魂の方向を向けば、チャンスにも人間関係にも恵まれ、やりたいことは難なく実現し、人生を追い風が後押しし続けてくれるような状態です。直感も冴え、日々の行動についても、どうしたらいいのか、何を選択したらいいのかわかりますし、近未来もなんとなく見えているような感じです。

悪いことが一切起こらない、ということではありませんが、もし何かが起こっても、それは結局いいことだった、自分の生き方を実現するために必要なことだった、と比較的すぐに気づけます。

魂は、その人にとって必要のないことは絶対に起こさないのです。

また、あなたがあなた自身の魂に気づき、意識するようになると、魂からイメージが降りてくることがあります。

これは、第一段階の思考から引き上げるイメージングとはまた別物です。第一段階のイメージングは、潜在意識に浸透しなければ叶いませんが、この降りてくるほうのイメージは、必ず叶います。あなたの魂が求めているものだからです。

そして、**魂は完璧なので、あなたが魂に従っていくと、不調和は起きませんし、人間の進化、全体の進化に貢献できる状態になっていくのです**（①＝②だけの場合は、自分の願いは叶うし楽しいけれど、周囲で不調和が起きたりすることもあります）。

まずは、①＝②＝③の状態を目指していきましょう。それには、自分自身が、自分の魂の望みを知る必要があります。

魂の願いを見つけるヒント

ここからの内容は、第二段階のステップ1になります。まずは魂の望みを見つけ、それを素直に望むという状態をつくっていきましょう。

■ヒント1　興味のあること

ものすごくシンプルに、興味のあること、やってみたいことをただやり続けている人は、自然と魂の望みに行き着きます。

もちろん、最初から全部わかるわけではなく、あれに興味があってやってみた、そこでなんらかの出会いがあって、さらに興味のあることに出会った。そしてやってみたけれど何か違った。そのあとまた別のことに興味が出てきた、というような感じで紆余曲折があることが多いのですが、必ずたどり着きます。

魂はいつも「興味」という方法を使って、あなたにお知らせしてくれています。だから、それをなかったことにしないことが大事になってきます。

興味がある、惹かれてしょうがない、のめり込んでしまう、ピンとくる、ビビッとくる、「これだ、これだ」ってわかる、というようなとき、それが魂からのお知らせです。

そして、それを過去に決めてきた自分、そしてすでに達成している未来の自分も同時に存在します。

すでに未来に存在するから、今反応するということです。全部同時に存在するのです。そして、その興味のあることを実際に行動に移すということは、今の自分と過去の自分と未来の自分をつなげてあげるということなのです。

過去に魂がすでに決めていて、未来で達成している。だから魂が反応するのです。そうした魂の反応というのを見逃さないようにしてください。

興味のあることをただ追求すればいいのですが、ほとんどの人は、周りの価値観や常識やこれまでに出会った人、親や先生や友人などに必要以上に影響を受けたり、こんなことやって恥ずかしくないかなとか、やりたいけどお金かかるしどうしようかなとか、いろいろな複雑な思いを抱えていて、自分の興味を押しつぶしてしまうことが多いのです。

「興味より、ちゃんとした人にならなきゃ」
「興味より、ちゃんと稼がなきゃ」
「興味より、人に好かれる人にならなきゃ」
「自分の心より、世間体や常識を優先」
「自分の心より、誰かの意見を優先」

「自分の心より、恐れの気持ちが先立って動けない」

「誰かや会社についていけば安定安心」

そういう流れになってしまう人が多いと思います。

そうではなく、**お金、時間、人間関係、場所、なんのしがらみも恐れもなかったら何をする？**　ということを徹底的に考えてみましょう。

あなたの純粋な好奇心の向く先、それはあなたの魂の望みにつながっています。

これをしたら成功しそうだ、これをしたら稼げそうだ、これをしたら安定しそうだ、これをしたら結果が出せそうだ、これをしたら認められそうだ、というようなものではなく、ただこれがしたくてしょうがない、これが気になってしょうがない、というものを追いかけてください。

「自分の心」に従えばちゃんと導かれるようになっています。答えは全部自分が知っています。

■ヒント2　生まれてきた環境

生まれてきた環境というのは、本当に人それぞれ、同じ親から生まれた兄弟でも、立ち位置によって違うと思いますが、**今回の自分の魂の目的にあった環境を自分で選んで生まれてきています。**

生まれてきた環境と自分の望みが近い場合と、それに反発して自分の望みがわかる場合と、反発したけれど結局戻ってくる場合など、いろいろなケースがありますが、それがヒントになります。

家族が嫌いとか、恨みがあるという場合もあると思いますが、それはそれで構いません。しかし、**そこで反発したおかげで何かに気づいている、自分の望みが浮き上がっている、というふうに視点を持っていくことが大事**です。

いろいろな環境があるとは思いますが、これを読んでいるほとんどの人が、日本で生まれたか、場所が日本でなくても、日本人の親から生まれた日本人かだと思いますが、日本に生まれてきたら、例外はあるかもしれませんが、基本的に飢えることはありませんし、思想も自由ですし、宗教の縛りもありません。

だからこそ、自分自身を追求する、魂を追求する、ということができるわけですので、それは、日本人として生まれてきた人に共通するとても恵まれた環境であり、特権と言っていいくらいのものです。

なぜ恵まれているかと言ったら、やはり、過去世からの積み上げです。過去世でいろいろ学んで、積み上げてきたものがあるからこそ、今回日本人に生まれ、そして今回、本当の自分というかなり真実に近いところを探究できる環境を手にしているわけです。

■ヒント3　小さいときやっていたこと

小学生くらいまでのとき、まだ、社会的なことや親や先生の評価を気にする前や、稼がなければ生きていけないと思っていないとき、そして、ああしなさい、こうなるべきなどと人と比べられる前に、自然とやっていたことを思い出してみてください。

考えただけではわからないかもしれません。アルバムでも見たり、親や友達に聞いてみたりして思い出してみてください。

どんな子供だったか、何が得意だったか、どんなことで褒められたりしたか、時間を忘れてやっていたことは何か。

私たちは、本当は誰でも自分の魂の望みを知っています。知っているけれど、わからなくなってしまっているだけなのです。**歳を取るにつれて身につけてしまった余計な観念を削ぎ落として、子供の頃に戻れば、みんな自分の好きなこと、興味のあること、やりたいことはわかっていたはずです。**

■ヒント４　嫌いな人、許せない人、世の中で憤りを感じること

誰にでも、この人苦手だわ、嫌いだわ、ムカつくわ、許せないわ、という人がいると思います。「興味」というのは、ワクワク、好き、惹かれる、やってみたい、楽しそう、というわかりやすいもののほかにも、なんだか気になる（いい意味でも悪い意味でも）という程度のものもありますし、逆に、嫌い、大嫌い、あり得

ない、というようなものも、実は「興味」です。

「嫌い」「嫌だ」と感じるのも、そこに何かがあるよというサインのひとつなのです。

好きなことややりたいことについては、「無理なんじゃないの?」とか、「人にどう思われるかな?」というふうにブロックしているので、わからなくなってしまっている人が多いのですが、仕事にしても、やりたいことはわからないけれど、やりたくないことはわかるという人は多いと思います。みんな、嫌いなことややりたくないことはよく知っているのです。

それと同じで、嫌いな人や許せないことは、わかりやすいサインと言えるかもしれません。

例えば、目立っている人が気に障るとか、ものすごく自由で楽しそうな人を見たら批判したくなる、などということがあったとします。そうしたら、それは、本

当は自分も目立ちたいとか、自由にしたい、というサインです（必ずそうだ、ということではないのですが、その可能性は大きいということです）。

自分では抑えつけている望みのため、「まさか、そんなことはありません」というように、認めづらい、認めたくないことが多いのですが、でも、反応するのは、自分の中にそれがあるからです。

魂の望みは、これまで（前世で）やってこなかったことや苦手だったことに設定されていることも多いので、嫌悪感を抱く＝今世でやるべきこと、というケースも多々あると思います。

このように考えていくと、「嫌い、嫌だ」と思っていた波動も、「興味」というよい方向へ変わって一石二鳥です！

あなたがその人を「嫌い」でなくなれば、「嫌いな人」は消滅するのですから。

また、嫌いな人と同じで、世の中で何か気になること、許せないと思うことも大きなヒントです。

例えば、環境問題に憤りを感じるなら、そこに自分の魂に関連する何かがあるよ、ということなのです。

■ヒント5　頼まれごとは試されごと

ここまで、自分の内側を探ってきました。基本的にはそれでわかるはずですが、まだまだわからないという人も多いかもしれません。

しかし、わからない人も、ちゃんと導きが平等に来ています。先ほどお伝えした、生まれた環境というのもヒントであり導きですし、これまで出会った人とか、出会った本とか、ふと見たテレビで言ってたこととか、そういう形で必ず導きが来ています。

また、**これまでなぜか自分に役が回ってくること、よく頼まれること、なぜかこうなってしまったようなことの中にも、ヒントがあります。**

飲食店をやっていたけれど、とにかく人から相談を受けることが多くなり、そのうち占い師になった人の話を聞いたことがありますが、そのような感じで、自

分で自分の魂の望みがわからない場合であっても、誰にも導きは来ていますので、そういう視点で、今一度、自分の人生を振り返ってみてください。

■ヒント6　占星術

占いと言うと曖昧なものと思う人もいるかもしれません。しかし、生まれたときの天体の配置をホロスコープと言うのですが、それは、**魂の設計図**になっています。それを読み解けば、自分の持って生まれた魂の望みやそのシナリオが、ある程度わかってくるのです。

なぜそのようなことが起こるのか？　それは、すべては自分の内面だからです。宇宙に浮かぶ天体でさえも、自分の内面であるため、その運行を追っていけば、自分のこともわかるのです。

ホロスコープ自体は、自分の生まれた時間までわかっていれば、すぐにネットで無料で作れますし、サイトによっては、その意味について、かなり詳しく書いてあったりもします。もちろん、一度専門家に見てもらうのもいいと思います。

魂の望みの例

魂の望みというのは、世界にひとつだけの、あなただけのもので、似ているものはあっても、ひとつとして同じものはありません。

また、何かの分野を追求して業績を残すとか、人を引っ張っていくとか、そういうわかりやすい場合もありますが、ただ自由でいるとか、目立つとか、財をなすという人もいれば、パートナーシップが課題だったり、人を助けるとか、誰かを癒すとか、家族と向き合うとか、何かを引き継ぐとか、海外に出ていくとか、はたまたスピリチュアル能力を発揮するとか、そういう場合もあります。だから必ずしも、職業やお金になる仕事とは限りません。

魂の望みというのは本当に人それぞれなので、みんなと一緒にならなくていいし、世間で言うところの幸せなんてまったくどうでもいいことなのです。

今までの人生の中にヒントは必ずあります。だから、「ないもの」ではなくて、

「あるもの」を探してみてください。
あなたの中に、すでにすべてあります。

もし、ここまでで、自分自身の内側を探ってみて、これかなと思うものがあったときに、もしそれが**あなたにとって怖いことであれば、正解と言っていいと思います。**本当に望んでいることに踏み出すのは、たいていの場合怖いものです。

一気に正解にたどり着こうとしなくても大丈夫です。

大事なのは、**一歩踏み出す勇気**です。

自分がこれかなと思ったということは、その時点での正解なので、ゆっくりひとつひとつ確かめていこう、というような感じで大丈夫です。そのために、人生という長い時間があるのですから。

もちろん、何かに出会って、覚醒的なことが起こって、一気にわかる、ということも起こらなくはないのですが、基本的には、ちょっとでも興味があったらそれでいいので、その指針に従ってちょっとずつ進んでいきましょう。

そこから、ほんの少し先だけ見えれば大丈夫です。それが灯火となって、あなたを導いてくれます。

焦らずに、じっくり向き合ってください。

結果ではなく、何がやりたいか

自分の望みを考えたとき、例えば、登録者数がこのくらいのユーチューバーになりたいとか、アクセス数がこのくらいの人気ブロガーになりたいとか、年収がこのくらいのお金持ちになりたいなど、結果を設定する人もいると思うのですが、成果や結果ではなくて、**人生を使って何をしていきたいのか**、それを意識してみてください。

なぜなら、結果を意識すると、自分の本当にやりたいことではないのに、結果が出そうだからやってみたいなど、望みを勘違いしてしまうことが多くの場合で起こります。

また、そうした結果を求めるのは、「認められたい」という欲求の裏返しであることがほとんどで、そのような望みを抱いているということは、「自分は認められていない」と強く信じているということで、「認められていない」と感じる現実を創り続けてしまいます。

人気者になれば幸せになれるとか、お金持ちになれば満たされる、と思うかもしれませんが、幸せというのは、環境や結果に左右されるものではなく、自分で見出していくものにほかなりません。環境や結果は、必ず変化するものです。

結果を得ることは、幸せとはまた別の話なのです。

年収◯◯万円になるために何をしたいのか、何をして有名になりたいのか、有名になって何をしていきたいのか、というところにちゃんと向き合ってみるということです。

そこに、あなたの本当にやりたいこと、本当に幸せを感じること、生まれてきた意味が隠されています。

結果ではなくて、「これをやりたい」ということを選んで、ただそれをやってみましょう。結果を気にするのは、現実をコントロールしようとすることであり、そうすると、コントロールしなくてはいけない現実を引き寄せ続けてしまいます。

結果はどうでもいいので、「興味のあること」を単純に追い求めるのが魂の道への一番の近道です。

ただし、人気を得ることや、お金を得ることを否定はしないでください。自然とそうなっていくということは、前向きに受け入れましょう。

人気者になることが魂の設定、という場合もあります。その場合は、自分が心からやりたいことをしていれば、いつの間にかそうなっていきます。

願いを精査する

前章でも、「願いの理由」について考えてもらいましたが、この「願いの理由」「願いの動機」を考えていくことはとても大事です。

なんでそれやりたいの？　なんでそうなりたいの？　と、深く探ってみてください。

魂から出ている純粋な願いと、稼げそうだから、認められそうだから、よさそうだから、というところから出ている願いは違うのです。

しかし、大半の望みは、後者の動機から形成されており、なぜそうした動機から願いを形成してしまうかと言うと、本人が、「今稼げていない」「認められていない」「幸せでない」という認識を持っているからで、そのような認識を持っている限り、それと同じ現実を創造し続けてしまうのです。

また、裏に別の理由がある望みというのは、本当に望んでいる望みではなく、純粋な意思を放っているわけではないため、とても叶いにくいものになります。
誰かに認められるため、誰かの望みを叶えるためなど、そういう望みは、もう忘れてください。

そうではなく、誰も見てなくてもとにかくやりたい、稼げなくてもとにかくこれをやりたい、立派な人になんてならなくてもいいから、誰もすごいと思ってくれなくてもいいからやりたい。

それを追求しましょう。

「なぜ、それを望むのか？」ということを深く考え、まずは、本当の望み以外のものを削ぎ落とすことが大事です。

願いについては、その動機を掘り下げていく、ということがとにかく大事です。
その動機が自分でわかれば、どうして今こういう現実を引き寄せているのかわかりますし、本当に望むことに対しては、どのような心持ちでいればいいか、というのもわかってきます。

別の誰かになろうとしない

いろいろな望みを持つことはいいことですが、別の誰かになろうとしていませんか?

あなたには、憧れの人がいるかもしれません。その人を参考にしたり、モデルにすることは構いませんが、あなたはあなたであり、ほかの誰でもありません。

自分をそのまま認めたり自分を愛するということは難しい、ということをよく聞きますが、それは、自分の悪いと思うところを直さないといけないと思うから、難しく感じるだけではないでしょうか?　悪いと思うところに意識を向けるから、それが増長されてしまってどんどん難しくなるのです。

そうではなくて、誰でもいいところもあれば、悪いところもあるし、できることもあれば、できないこともある。その中で、どれだけ「自分がいいと思えるところ」「できるところ」に意識を向けて、「自分はこれでいい、これがいいところかどうか。

だ」と思えるかどうか。そして、悪いところも含めて、「これが自分だ」と思える

あなたはあなたでよく、あなたは別の誰かや素晴らしい何かになろうとしなくてもいいのです。ただ、そのままのあなたにすべてがあります。

別の誰かになろうとしないでください。

「あなた」はどうしたいのか？　「あなた」はどんなふうに生きたいのか？　それより大事なことはありません。

魂の望みというのは、世界で唯一、あなただけの望み。あなたの望みは当然、あなたの中だけにあります。

魂の望みはひとつではない

「魂の望み」というと、天職であったり、それさえ見つければもう安泰で幸せになれる、そしてそれを一生続けていく、というようなイメージを持つ人も多いものです。

しかし、「魂の望み」というのは、ひとつではないことがほとんどです。この時期にはこれをやって、それが終われば次のことにシフトアップする、というような道をたどるケースはとても多いのです。

また、天職を見つけたい気持ちはよくわかりますが、それさえ見つかれば幸せと考えることは、まだ見ぬ未来に幸せを求めていることになり、いつまで経っても「今幸せ」という状態になれません。

運命の人と同じで、その人が運命の人かどうかというのは人生が終わるときに振り返ってわかることですし、その人を見つけたら絶対に幸せということはありません。

「魂の望み」も同じで、それさえ見つけたら幸せになれる、というものではないのです。

「本当にやりたいこと」というのは、それを一生続けるかどうかというのは関係なく、「今、何がやりたいのか」ということです。そして、幸せになれる、なれないも関係なく、「今、心からやりたい」と思えることです。

先々まで考える必要はありません。まずは、「今、自分はどうしたいのか？　何がやりたいのか？」。

それをやり切ったら、その次が見えてきます。そのようにしていけば、自然ともともと設定していた魂の道に乗っていきます。

願いをキャンセルしない、ブロックしない

第二章でも、願いをキャンセルしないということについて書きましたが、このことは、第一段階の望みであっても、第二段階の望みであっても同じです。ただ、第一段階のほうが、このキャンセルやブロックという状態に陥りやすいと言えます。なぜなら、本当の本当に望んでいることではないことが多いからです。

第二段階の望みであれば、それがいくら現状からかけ離れたことであっても、表面上は無理だろうと思っていても、魂の部分でその願いを覚えています。あなたがそれを思い出したら、魂のほうが、「それだよ、それだよ」と後押ししてくるので、自分ではちょっと願いに対して引き気味であったとしても、そちらのほうへ勝手に現実が動いていく、ということも起こってきます。

魂の望みの見つけ方を詳しくお話ししてきましたが、これは、すぐにはっきり

わかることではなくて、人生でいろいろなチャレンジをしているうちに、だんだんと見えてくるものなので、焦る必要はまったくありません。しかし、**常に自分に問いかけることを忘れずに、自分の内側からピンとくるものに敏感になる、ということが大事**ですので続けてください。

そして、少しでも、これかな、これいいな、これやってみよう、ということが見つかったら、それを**自分で否定せず、素直に受け止めて、素直に望んで動いていくことが大事**です。

興味のあることはわかっていても、それをなかったことにしていたり、できるわけない、時間が、お金が、人の目が……とブロックしてしまう人は多いのですが、そんなときは、本当に望むこと、本気で望むことは叶うということを思い出してください。願いを否定するそうした思いは、ちょっと横に置いておいて、ただ素直に望んでいる状態を創っていきましょう。

それができて、創造の最初のステップ、「素直に望む」ということが完了します。

魂の望みを叶える生き方

なぜ、魂の望みを追求していくことが大事なのか？　それは、そのことが**あなた自身に最初から設定されたプログラムでありシナリオだから**です。

このプログラムは自分自身が創ったプログラムです。

そのプログラム通りに生きていけば、人生が軌道に乗ります。そして、必要なものも、出会いも、チャンスも、自動的に完璧なタイミングで引き寄せていく、ということが起こってきますし、逆に、それに抵抗して生きていけば、人生は辛いものになっていきます。

また、魂に従うと、必要なもの以上は求めなくなり、不足感から解放されます。不足感から解放されると、ますます、豊かな現実を引き寄せていきます。

また、このために生まれてきたんだとか、自分が自分でよかったと思えるようになり、迷いがなくなります。迷っている状況というのは不幸に似ていて、結構辛いものですよね。

そして、自分を尊いと思えると同時に、人も、同じように尊いと思えるようになります。さらには、人は人、自分は自分と思えるようになるのです。つまり、いい意味で、人のことがどうでもよくなってきます。

宇宙が後押ししてくれているとしか思えない爆発的な引き寄せの流れは、やはり、あなたが魂とつながっているときに起こります。

私自身も、これまで不思議な出会い、シンクロ、信じられないような巡り合わせやチャンスなど、様々なことが起こり、そして願いはどんどん叶いましたが、魂にはそういう力があるのです。

あなたが心から願っていることは、魂のシナリオにあることであり、必ず叶うのです。なぜなら、このシナリオを創っているのは、あなたの心だからです。

そして、不思議なことに、**個人の魂というものを追求していけば追求していくほど、自分は全体の中の一人で生かされているとか、全体の進化のための役割として**

自分がいるというようなことがわかるようになってきます。

自分は全体の一部だ、もっと言うと、究極のところ自分が全体なんだ、ということが、実感としてわかってくるようになるのです。

第四章　願いが叶っている現実を創造するまで

願いに波動を合わせる

本章では、素直に願いを放ったあと、どのように毎日を過ごしていけば、その願いが叶っていくのか、ということを書いていきたいと思います。

本章が、第二段階のステップ2になります。

最初にお伝えした通り、あなたの願いを現実に創造するには、「正しく願いを放つ」「願いが叶った状態に波動を合わせる」というこの二つのステップが必要で、この二つのステップで完成するということになります。

あなたが持っている願いが叶ったらどんな気分がするでしょうか？

最高です、幸せです、そんな答えが返ってくるでしょう。

もちろん、願いが叶ったら幸せですね。

では、じゃあ、どうやったらその幸せを引き寄せていけるのか、どうやったら、放った願いをあなたの目の前の現実に創造していけるのか？　それには、**あなた自身が、すでに願いが叶った状態に波動を合わせていくこと**です。

つまり、今も幸せ、そして、願いが叶っても幸せ、という状態になると、あなたの本当の願いはいい形で現実のものとしてあなたの目の前に現れます。

この世界には、同じ波動のものが引き合うという法則が働いているからです。というよりは、この世界があなたの心そのものだから、あなたの心の通りになるのです。

そして、今のあなたの波動、つまり心の状態が、願いが叶った状態とかけ離れていれば、それは叶わないのです。

ただし、信じていることがそのまま反映されるため、「どんな波動であっても願いは叶う」と信じていればその通りにはなりますが、波動に見合った叶い方をしてしまいます。願いさえ叶えばなんでもいい、というわけではないですよね。過去に、大金を願ったら、事故にあって保険金が下りたとか、痩せたいと願ったら

病気になって痩せた、というような話を聞いたことがありますが、こんな形で叶えたいわけではない人が多いでしょう。

また、もし、波動がよくない状態で願いが叶ったように見えても、それは幸せではなかったとか、本当に望んでいることではなかった、ということに気づくことになります。叶っても幸せでなければ、願いを叶えた意味もあまりないでしょう。

波動をいい状態にしていれば、そのようなことは起きなくなります。願いはいい形で叶っていきますし、あなたにとっての本当の幸せに関連する願いのみが残っていく形になります。

「引き寄せの法則」はとにかく、「今、自分が出しているものがそのまま返ってくる」というだけの法則なので、とにかく「今、自分が感じていること」「今、自分が出している波動」をコントロールしていくことがもっとも大事です。

「今、喜びや幸せを感じていれば、喜びや幸せを引き寄せていく」、それだけのことなのです。そして、「今、幸せになる」ということができていなければ、どれほど願いをクリアに描いてイメージングをしても叶いません。叶ったように見えても、幸せは引き寄せることができません。

もし、仕事がつまらないと感じていたり、職場環境や人間関係に不平や不満ばかりで、いつも愚痴を言っているような状態だと、この先どうなると思いますか？

その状態で、職場の人間関係がよくなりますように、給料が上がりますように、と願ったとして、それは叶うでしょうか？

その場合、まずは願いを叶えることより、現状のあなたの感じ方を変えていくということが必要になってきます。土台のないところに家は建ちませんから。

この状態にある人ほど、願いを叶えて幸せになろうとしてしまいがちですが、「今」出しているものと同じものを引き寄せ続けますので、「今、不幸な私が願いを叶えて幸せになる」ということはできません。諦めてください。

今、幸せなあなたが願いを放てば、それはいい形で叶っていくのです。

まずは、そのことを腑に落としましょう。

もしあなたが、普段から毎日を楽しく幸せに生きていれば、願いは、「こうなったらいいな」「これがあったらいいな」と思い描く程度でどんどん叶う方向へ動いていきます。必死でイメージングもアファメーションもしなくていいのです。そうしなければいけないと思うかもしれませんが、考えてみたら、叶うとわかっていることを何回も何回もイメージングしたりしませんよね。

ですので、第二章でもお伝えしました通り、そういったことを頑張らなくてもいいのです。それよりも何よりも、**自分の視点と思考を選択し、常に、幸せを自分から見つけていくこと**です。

思考を選択していく方法については、前作『「引き寄せ」の教科書』に詳しく書いていますので、そちらも合わせてお読みください。

また、『しあわせを創造するnote』(Clover出版)で、毎日の生活に取り入れることができる三十七個のワークを紹介していますので、そちらにも取り組んでみてください。実践することにより、あなたの波動はどんどんよくなっていきます。

創造の順序は、心→物質

あなたは、あなたが本当に望んでいる人生を創造することができますが、**目に見える世界を変えて創造するのではなく、まずはあなたの心の中、目に見えない世界のほうを先に創造する必要があります。**

この世界を細かく砕いていくと、すべては、目に見えない素粒子です。ですので、まずはその素粒子の状態を変えること。目に見える世界が変わるのはそのあとです。

まずは自分の思考と気分、そこから出ている波動を変えていくこと。それにより、あなたが発する目に見えない素粒子が、現実に影響を与えて変えていきます。それ以外にやることはないと考えてください。

ですので、目に見える世界に囚われることなく、自分の内側に意識を向けていきましょう。

家が欲しい、車が欲しい、服やアクセサリーが欲しい、パートナーや友人が欲しいと人は際限なく望みます。しかし、本当に欲しいものはなんでしょうか?

例えば、家が欲しい、それが手に入れば幸せだと思う人もいるかもしれませんが、手に入れたものは必ず変化します。永遠に続くものなんてありません。目に見えるものや人間関係を幸せの基準にしていると、欲しいものを手に入れたとしても、それは必ず変化しますので、また別のものを欲しくなります。結局、いつまで経っても、望んでいる幸せにはたどり着きません。

ものや人間関係など、何を手に入れたとしても、その幸せが一生続くなんてことはあるでしょうか? それが一生続くとしたら、それは、その「もの」自体に原因があるのではなくて、あなたがその「もの」に対してどう感じているかにあります。

家が欲しいとして、その家を手に入れた喜びや、そこで愛する家族と生活する幸せ。

車を手に入れたとして、その走りに対する満足であったり、その車で行きたいところに行く楽しみ。

服を手に入れたとして、その服を着ている自分に対する満足であったりワクワク。

人間関係を築いたとして、そこから得られる交流や学び。

結局、**私たちの欲しいものというのは、「もの自体」ではなくて、そこから得られる「喜び」や「幸せ」や「満足」や「ワクワク」なのです。**

もちろん、「もの」に対する自分の好みはあり、その好みを大事にしていくことは素晴らしいことです。それは、自分自身を知ることであり、自分自身を表現していくということだから。

しかし、あなたが欲しいのは感情や心の状態だということが腑に落ちれば、それは一瞬で手に入るということがわかります。

自分の本当に欲しいものが物質や人間関係ではなく、心の状態なんだということを知り、そこが本当に腑に落ちてくると、「欲しいものがあたかも手に入っているかのように振る舞う」ことは、とても簡単になってきます。

なぜなら、幸せを感じるということは、今すぐ、今ここで、自分の選択次第で、一瞬でできることであるから。そして、その感情をあなたが選択できるようになると、それに伴い、その感情に見合った物質や人間関係も出現します。

あるものを見る

今あなたの生活の中にあるもの。あなたの仕事、あなたの収入や財産、あなたの家族やそのほかすべての人間関係、住んでいる家や家の中にあるすべてのもの、そしてあなたの持っているものなど。

とにかく、**「あるもの」を「ある」と感じることを意識していきましょう。**普段、意識していなければ、私たちの思考はすぐに「ないもの」を探し始めます。クセづけしていかなければ、ほとんどの人は「ないもの」へ意識が傾いてしまうのです。

足りないものを意識していると、足りないものがどんどん創造され、それには終わりがありません。逆にあるものを意識していると、あるものがどんどん創造され、こちらも終わりがなく、どんどん豊かに満たされていきます。

「今ある幸せを見てください」「今ある幸せを探してください」というと、「今ある幸せに満足して、それ以上求めてはいけない」とか、「足るを知って慎ましく生きなさい」と言われているように感じる人が多いのですが、そうではありません。**「今ある幸せを見ている」と、どんどん幸せを引き寄せて、気がついたら今よりもっと幸せに楽しく豊かになっていく**のです。

ただ、**目の前の日常の中にあるもの、「今」に帰ってくるだけ。そこにあるもの、今までもあったけど気づいてなかったものに気づくだけ。**

今あるものをあると意識するだけで、あなたは「ある」を創造します。

結局、引き寄せる人とそうでない人の違いは、日々、美味しいものを美味しいと感じて食べているかどうか、というような本当に小さなことなのです。

目の前の食事を全身で味わって食べる、この食事が自分の目の前に現れるまでに、食材を生産した人、運搬した人、販売した人、調理した人など、本当にたくさんの人の思いがそこには詰まっていて、それを食べることができるということがどれほど奇跡に近く、ありがたいことであるかに気づけるかどうか。

本当に、こんなに簡単なことなのです。

小さな変化に意識を向ける

「いろいろなことに取り組んでいるけど、何も変わりません」というようなお悩みもよく聞きます。

もし、現実を変化させたいのなら、たとえすごく小さな変化に、例えば、

「いつもの仕事だけど、今日は、少しうまくいったなあ」
「いつものランチだけど、今日は、いつもより美味しく感じたなあ」

など、そういう小さな小さな変化に、まず意識を向けていきましょう。

自分が「変化してきたな」と思わない限り、変化していかないのです。つまり、（現実がつまらないから）変化させたいと思っている状態では変化することはないので、変化してきたな、と自分が思う必要があります。

自分がそう思うようになれば、必ず変わるということです。

本当に何かを変えたければ、引き寄せようとしなくなればいいのです。変えようとしなくなればいいのです。現実を変えようとするのではなく、あなたの感じ方を変えるのです。

そして、自分の思考を本心から変えていくには、やはり、毎日の積み重ねが大事です。

「引き寄せの法則」を知ると、ラクをして願いが叶えられる、と思ってしまう人もいるのですが、本当のところは、自分の思いと向き合って、それを少しずつ書き換えていく地道な積み重ねなのです。

「いいことノート」はいつまで続けるの？

前作で、毎日あったいいことを書いていく、「いいことノート」をご紹介していますが、**「いいことノート」以上に、引き寄せに効果を発揮するものはないと思っています。**毎日の生活の中に喜びや幸せを見つけていくこと、そして、何か大変なことや嫌なことがあっても、その中に「いいこと」を見つけていくこと。

これが、願いを想像以上の形で引き寄せ続ける秘密にほかなりません。**日々の幸せ、今ある幸せに目を向け、感じること、それ以外に秘密なんてないのです。**

それが、願いを叶えようとしていない状態、なおかつ幸せで満ち足りた状態をつくるからです。

「『いいことノート』は、いつまで続けるんですか？」というご質問を頂くことがありますが、ノートに書くこと、という意味ではなく、自分からいいことに意識を向けていくこと、という意味でしたら、答えは「ずっと、一生」です。

例えば、野球の選手が、プロになったからといって練習しないわけではないですよね。また、ダイエットが成功したからといって、生活習慣を一気にダイエット前に戻してしまえば、元の木阿弥です。それと同じです。

ただ、ある程度続けると、それが普通になってくるので、あえて練習という感覚ではなくなるかもしれませんが。

そうして、自分の見方、考え方を変え、幸せなあり方を身につければ、人間が本来誰でも享受することのできる、幸せで満ち足りた、そして、やりたいことに邁進し、どんな願いでも叶うという次元で生きていくことができます。

そのあり方が身につけば、あなたが抱いた願いは、本当に難なく叶うようになっていくのです。

ですので、**願いを放ったあと、することというのは、今幸せになるということ。**

すでに幸せ、という状態になれば、願いが叶った状態との差がなくなり、ただ意思を放てばどんどん叶っていく、という状態になることができます。

これが、引き寄せ体質になるということです。

今の波動と違うところへ行ける「どこでもドア」は存在しない

「今の現実」がよくならないのに、「理想の現実」へ「どこでもドア」で行くことはできません。

「今の現実」がだんだんよくなって、よくなって、よくなって、あるとき、気がついたら「理想の現実」になっているのです。

だから、「今の現実」が嫌な人は嫌でいいのですが、「今の現実の中の『いいこと探し』」は必須です。

それをやろうとせずに、次の段階へ行けるということは絶対にありません。

そのまま、別の環境へ移ることはできます。でも、**「今の現実」の中にいいことを見ることをせずに移っても、待っているのは「今と同じような状況」**です。

職場を移っても同じような悩みを引き寄せたとか、付き合う相手を変えても同

じような問題が起こったといった経験のある人は多いでしょう。

創造元は「自分」なので、自分が変わらなければ、引き寄せるものも変わりません。

「今」とまったく波動が違う環境へ行ける「どこでもドア」は存在しないのです。

でも、あなたは、あなたがどこへ意識を向けるか、その方向を変えるだけで、自分の波動を変えていくことができます。そのようにして、「理想の現実」へのドアを開くことができるのです。

「引き寄せ」と言うと、みなさん、先に現実が変わることを期待する人も多いかもしれませんが、**①自分の見方を変える→②現実は変わっていないけれど自分の感じ方が変わる、自分に見える世界が変わる→③現実が変わる**、というステップをたどります。

必ず、このようなステップになります。

例えば、苦手な○○さんがいたとして、①を実行すると、まず、○○さんは変わっていないけれど、自分が受ける印象が変わってきたり、これまでは見えていなかった○○さんの別の一面が、自分に見えるようになってきます。

そののち、○○さん自身が変わったかのような言動を取るようになってくるのです。

すべての現実の創造元は自分なので、①と②なくして③はあり得ません。

環境や誰かを変えようとする必要はまったくありません。自分の視点や内面が変われば勝手に変わります。

いい気分でいられないときは？

「自分にはこんなに不幸なことが起こりました。自分の状況はこんなに最悪なん

です。だから、いい気分でいることなんてできません。どうしたらいいのでしょうか？」

というようなご質問をこれまでたくさん頂きました。

このような方に共通するのが、「自分は特別不幸、だから、幸せを見つけたりいい気分でいるのなんて無理」という思い込みです。そして、「自分だけは特別」と思っているのですが、特別な人というのはいません。どんな人も平等に、自分が心から信じていること、自分が意識を向けているものを引き寄せています。

そして、どんなことが起こっても、それがどんな状況であれ、申し訳ないのですが、ブログや本に書いている以外の、「特別な魔法のような処方箋」というのは存在しません。

どんな状況でも、やることは同じです。まずは、自分がこの現実を創造していることに気づき、今より、少しだけでいいからいい気分になれる思考を探す、今の見方と違う視点を探すのです。

もちろん、すぐ見つかる場合もありますが、なかなか手ごわい場合もあります。

一気に、すごくいい気分になる必要はありません。私がブログや本に書いてきたのは、「今より少しだけでいいからいい気分になる」ということです。「自分でできない」と思い込んでしまったら、それはできないのです。ですので、まずは「できるかもしれない」という思考に切り替えてください。

状況を辛く思うな、という意味ではありませんので、そこは誤解しないでください。辛い、悲しいのは仕方がない、それでも、自分の現実の中に、少しの幸せ、少しのいいことを見つけられない、なんてことは絶対にないのです。

どんなに嫌なことがあっても、花は綺麗じゃないでしょうか？　夕日は美しくはないでしょうか？

どこに目を向けるか、それだけなのです。

もちろん、とても大変なことや辛いことがあった、例えば大事な人を亡くしたりしたというときなど、そんなときはいい気分でいろ、といっても無理な話です。

しかし、その悲しみはどこからきているのか、何故きているのかそちらへ意識を向けてみましょう。そこには、愛や感謝があるはずです。その愛を思い出しま

しょう。

そして何かを失って辛いということは、与えられてきたということです。

また、物ごとのいい面を見るというのは、嫌いなのに好きだと思い込んだり、何かを我慢したりすることではなく、**「心から納得する、右脳も左脳も納得する物ごとのいい面、それが見つかるまで探す」ということ**です。

すべての物ごとには、必ずいい面と悪い面の両面があることを忘れないでください。

何か無理してるな、我慢してるな、感情を抑えてるな、と思ったら、やり方が間違っているので、「嫌なものは嫌だ」と気づくところにまた戻ってみてください。

そして、「嫌なものは嫌だ」と気づくのはとても大事ですが、そこで終わっていたら、何も変わりません。「嫌」ではねのけても、あなたが変わらない限り、手を変え品を変え、それはまたあなたの目の前に現れてきます。

あなたが何かに気づくまで、何か別の見方を獲得するまで、追いかけてきますよ。

現実に問題があるとき、様々なケースについて、どのように考えていけばいいかは、第六章で詳しく取り上げましたので、そちらをお読みください。

いい波動を保つことの効果

自分の思考を選択して、いい気分を保ち、波動をよくする効果はたくさんあります。

・自分の本当の望み、幸せ、喜びに気づきやすくなる（自分の本当の望みがわか

らなくても、幸せでいれば、魂につながっていくので、徐々にわかってくる)。

・思いもかけない想像以上のいいことが引き寄せられてくる。

・前向きに考えることで願いがいい形で早く叶う。

・潜在意識や引き寄せを知ったら、願いを叶えるために何かやりたくなると思うのですが(本当は、願えば何もしなくても叶うのですが、やはり何かをやっていたほうが心が安定する人は多いのです)、そんなとき、いい気分でいる、という毎日取り組む課題ができる。毎日取り組むことがあることで、未来や願いにだんだん執着しなくなり、目の前のことに集中することができて、願いを叶えようとしなくなり、結果として、願いが叶いやすくなる。

・気分、波動を変えれば確実に現実が変わるので、自分が現実を引き寄せていることがわかるレッスンになる。

というわけで、こんなにたくさんいいことがあるので、やはり、願いを叶えるだけでなく、幸せに生きていくために、いい気分、いい波動を選んでいくのはとても重要です。

幸せを引き寄せるには、幸せでいるというのはやはり基本なのです。

また、**自分の本当の願いがはっきりわからない場合には、いい気分でいることを実践することを優先させましょう。**

そうすることで、自然と本当の願いのほうへ導かれ、自分でもだんだん本当に望んでいることがわかってきます。


本来、もし何か願望があなたの中に湧き起こってきたとしたら、それがすべての始まりです。願いが湧き起こったら、その願いの叶った世界はもう創造されていて、叶うことへ向かう流れの中にいるということです。

それを現実のものにするには、そこへあなたが行けばいいだけ。その方法が、「波動をいい状態に保つ」ということです。

「引き寄せ」というのは、本当に誤解されやすいのですが、例えば、何日後、何ヶ月後、何年後などの目標を定めて、それを引き寄せていくというふうに思われが

ちですが、そうしたこととは実は対極にあることで、**どれほど「今」に目を向けられるか、今幸せを感じられるか、今の自分を愛せるかがほぼすべて**なのです。

未来や結果はどうなるかはわかりません。今やってみたいこと、今ワクワクすること、今幸せを感じること、それだけを恐れることなくやっていれば、自然といい形で人生が展開していきます。

とにかく、今の現実の中のいいこと、そして自分のいいところに目を向け、

「私の人生、ステキなことがいっぱいあるな」
「ありがたいことがいっぱいあるな」
「地球は綺麗なものや美味しいものがいっぱいあるな」
「毎日ほんわか幸せだな」
「自分っていいな、自分でよかったな」
「大変なこともあるけど、そのおかげで学びがあるな」

そんなふうに感じている時間を多くしていくことが、何よりも大事です。

いい気分でいることは願いを叶えるメソッドではない

自分から幸せを選択すること、いい気分でいい波動を放つということは、自分らしい幸せで充実した人生を送る上でもっとも大事なことであり、それにより、あなたの願いは本当に叶っていくのですが、ただひとつ勘違いしてほしくないのは、今幸せを感じる、いい気分、いい波動でいるというのは、願いを叶えるメソッドではないということです。

「いい気分でいたら願いは叶うんでしょ」というのは確かにその通りです。

しかし、**願いを叶えるためにいい気分でいようとすると、「願いを叶えようとする自分」＝「まだ叶ってない自分」が現実化され固定されてしまう**のです。

いい気分でいても願いが叶わないよ、と言う人は、いい気分が願いを叶える手段になってしまっていませんか？

そうではなく、**幸せを感じる、いい気分でいるというのは、手段ではなく目的であり、最終地点なのです。**

なぜなら、あなたが求めていることは、幸せでいるということだから。ですので、幸せを感じているそこがあなたの最終目的地なのです。ゴールなのです。

そうすると、それ以上を求めていない状態、すでに満ち足りている状態が創造されます。それにより、満ち足りている現実というのが引き寄せられてきます。

これが、**引き寄せようとしなくなれば引き寄せるという仕組み**です。

例えば、美しいものを見て、美しいと感じたら、引き寄せ成功です。あなたは、あなたの望む感情をすでに手に入れているということ。

そして、それを美しいと感じるのなら、それは、あなたの心に美しいものがあるということ。自分の中にないものは、あなたは見ることができませんから。


そうやって、あなた自身が、どこにでもある幸せ、豊かさ、優しさに目を向け始めると、オマケのように現実が変わっていきます。

本当に、オマケだ、くらいに思っているといいかもしれません。

現実を変えよう、変えたい。まずはそこから「引き寄せ」に入る人も多いと思います。

そしてそれが、「現実が変わるなんてオマケみたいなもんだ」と思えるようになると、面白いほどたくさん、オマケを手にすることになるのです。

オマケはあったら嬉しいけど、本質ではありません。
あなたの求める本質、それはいつだって、今ここに、そしてあなたの中に最初からあります。

今いい気分でいる、今幸せでいること、そこがゴールなんだと気づいて、本当に今幸せになれば、現実は、あなたの望むように変幻自在の世界へと突入します。

出さないと入ってこない？

- 出したら入ってくる
- 手放さないと入ってこない

このようなことを聞いたことがあると思います。

特に、お金の面でそう言われることが多かったり、あとは例えば、今している仕事を整理しないと新しい仕事が入ってこないとか、今の人間関係を手放さないと新しい人間関係は生まれないなど。

しかし、出さないと入ってこないから、今の仕事や人間関係を整理するというのは、結局、結果をコントロールしようとしているということなので、この方法はうまくいきません。

出したものが返ってくるのは間違いありませんが、その出すものというのは、「お金」とか「今の仕事や人間関係」ではなく**「波動」**です。

もちろん、一日は二十四時間しかないので、本当にやりたいことを選んでいくのは大事ですし、本当にやりたくないことは手放すことも大事です。そして、本当に欲しいものややりたいことのためにお金を使うのも大事です。

しかしそれは、「未来に新しく何かが入ってくるため」にするのではなくて、「今

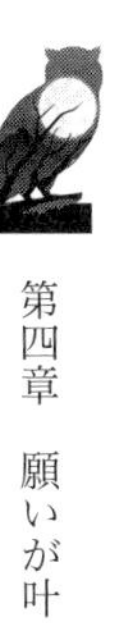

の自分にとっての心地いい選択のため」にするのです。

人間関係も、整理しなくても、そのときにベストなものが、自然の流れでやってきたり、離れていったりします。

寄せたり引いたり、波のように自然と人生に現れてきます。

出会いは縁であり、縁は無理やり創るものではありません。そうではなく、**あなたが魂につながってくると、その縁を読み取ったり、感じることができるようになってきます。**そうすると、この人気になるな、この人に会いたいな、話したいな、という思いが叶っていくのです。

また、多くの人は、一度関係ができたらそれを続けることがいいことだ、というふうに思う傾向がありますが、それがあなたにとって心地いいなら、そして、あなたが本当に心からそうしたいのならいいと思いますが、続けることが必ずしもいいことではありません。人は変化し、成長します。その変化に伴って、人間関係も変わっていくことは、とても自然なことなのです。

そこに、人為的に操作を加える必要はありません。

本当の「いい気分」とは

引き寄せと言うと「いい気分」というのが定着しているのですが、日本語で「いい気分」と言うと、ちょっと誤解を生んでしまうこともあります。

というのも、例えば、人に勝ったような気持ちになっていい気分だとか、仕事をサボっていい気分だとか、人のことなんてお構いなしにわがまま放題やっていい気分だとか、快楽的なことをしていい気分だとか、そのようにこの言葉は使われることもあるからです。

でも、本当の「いい気分」はそうではありません。自分にとっていいことを引き寄せるいい気分、いい波動の状態というのは、**「(大きくても小さくても)幸せや喜びを感じている」「穏やかで平和な気分」「前向きな気分」「愛や感謝を感じている」**など、そのような状態です。

気分がよくなるからといって、人を肉体的、精神的に傷つけたり、誰かに多大

な迷惑をかけたりしてまで、本当にやりたいのか、それは本当にいい気分なのか？

これと向き合うことなしに、本当のいい気分にたどり着くことはありません。

それを知ることなしに、自分がやりたいこと、気分がよくなることなら何をやってもいい、というのは大きな誤解であり、「引き寄せの法則」の間違った解釈です。

そうやって突き進んでも、結局何も変わらないどころか、いろいろなことが悪化するような引き寄せが起きてしまうでしょう。なぜなら、そのようなことは「いい気分」だからやることではなく、「気分が悪い」からやることだからです。

本当の「いい気分」を見極めましょう。

気分が乗らないから予定をキャンセルするだとか、嫌だから仕事に行かないなど、こうした**短絡的な自分の声に従って行動するのは、感情に振り回されている状態です。いい気分を選択しているのではなく、悪い気分に従っているのです。**

嫌なことを嫌だと自分でわかっているという状態は大事ですが、嫌だから全部投げ出していては、波動はどんどん下がるばかり。幸せからはどんどん遠ざかります。嫌だからやめよう、で終わってしまっては、ずっと同じことの繰り返しが続くだけで、人生は望む方向へ動いていきません。

嫌なことも、自分を知るサインのひとつです。

例えば、仕事に行きたくない場合。その気持ちは見過ごさずにまずは大事にして、そこで考えてほしいのが、行きたくないような仕事をしてしまっているのはなぜなのか？

今の仕事が嫌なら、自分はどうしたいのか？

どうしたら、今の生活に楽しみや幸せを見つけていけるのか？

そうやって自分と向き合って試行錯誤をしていけば、本当の望みを知ることができて、あなたの波動を上昇させていきます。

やりたいことがあるが踏み出せない

例えば、仕事を辞めて留学を考えているけど、職場が人手不足なので、辞めると迷惑をかけてしまうから悩んでいるという場合。

本気で留学したい！　と思うのなら、それが、自分の情熱や喜びから出ている真の望みであるのなら、その思いに素直になって大丈夫です。

必ず、ちゃんと本当の望みを叶えてくれるように、状況のほうが整い始めます。

ですので、留学したいという思いに、ただ素直になって、留学先のことを調べてワクワクしたり、留学先で学ぶことを考えてワクワクしていてください。

そうすると、どこかのタイミングで、留学できる状況が整います。

結果、あなたが辞めることになっても、例えば、ちゃんと新しい人が入ることになったり、周りの人も、辞めることを快く受け入れてくれたりします。

あなたが辞めることによって、残った人は新しい仕事を覚えることができて、その人のプラスになる、という考え方だってできるのです。

仕事は辛くて大変なもの、という観念があると、「辞めると迷惑かも……」という思いが出てきますが、仕事は、自分を表現し、新しいことが学べ、人とのつながりもでき、楽しい上にお金ももらえるもの、と思う人もいるわけで、一概に迷惑だとはまったく言えないのです。

もしかすると、情熱に従って留学したことを悪く言う人もいるかもしれません。例えば、妬みから。また、恐れやさみしさから。

それは、本当にその人の問題、受け取る側の問題なので、どうしようもない部分です。それは、気にする必要がありません。

ただし、もし、今の職場が嫌で逃げたいから留学するのであれば、それは真のいい気分ではないので、調和は生まれず、迷惑をかけることになるでしょう（もちろん、それでも行きたいと選択するのも自由ではありますが、いい気分でないところから選択すると、留学しても、また嫌だなという状況を創造します）。

自分の真の望みや、喜びや情熱に基づいてやりたいことをやるというのは、感情に振り回されて、わがままや傍若無人に振る舞うこととはまったく違います。

その場合は、迷惑かも、なんて遠慮することなく、自分の道を選んでいきましょう。

良心に従って選ぶ

あなたの心によって、目に見える世界は創られます。

あなたの本心の通りに、現実に反映されていきます。

そして、その自分の心に、最高のものから最低のものまであるというのは、自分を振り返ってみれば誰もが感じることだと思いますが、自分にとってよい現実、自分が本当に望む現実を映し出していくには、あなたの良心に従うということがとても大事になってきます。

人生は選択の連続ですが、上から下まである自分の心の中で、できる限り良い心に従って何ごとも選んでいきましょう。


自分の心に従う、ということはとても大事なことですが、悪い心に従っていては、悪い現実を映し出すだけ。

そこに、幸せも魂の成長もありません。

自分の中に、低次元の心から高次元の心まで重なって同時に存在しているので、自分次第で簡単に低次元へ落ちてしまうこともあります。だから、常に上の次元の心を選ぶ、最高のものを選ぶには、やはりそれなりの練習や積み重ねが必要になってきます。

心に従えばいいからといって、自分さえよければいい、わがままでいいという心でいると、残念ながら、本当に望んでいることには永遠にたどり着きません。

今世で成長することができれば、映し出される現実は変わっていきますし、未来世はレベルアップしたところからスタートできます。

「心のまま」と「わがまま」は違う

「心のまま」と「わがまま」は違うのです。この言葉を二つ並べるだけで、両者の波動がまったく違うのを感じ取れると思いますが、この二つは、似て非なるものなのですね。

心のままは自分が出発点であり、自分の心、自分の魂に従い、自分の思考と感情と行動を自分で選んでいくこと。環境や他人がどうあるかはまったく関係がなく、完全なる自分軸です。これが良い心です。

わがままは、相手にああしてほしい、こうしてほしい、わかってほしいと、自分は何も変わらずに相手に要求することであったり、今が嫌な気分だから環境を変えようとしたり、相手を振り回すこと。環境や相手次第で自分の幸せが決まる他人軸なのです。これが悪い心です。

わがままは、現状に文句を言っているのと同じなので、引き寄せとはまったくの反対方向になってしまい、願いも叶わないし、どんどん周囲と不調和が起きてきます。

しかし、例えば、先ほどの例のように、自分のやりたいことがあるんだけど、それを言い出したら親や周りがなんと言うか……。

このような場合は、迷惑をかけるとかわがままとかいう話ではなくて、親や周囲に対する優しさのように見えるものに覆われた「自分が悪く思われたくない、いい子だと思われたいという恐れ」や、「自分の道に踏み出すことへの恐れ」や、「自分への信頼の欠如」が本質なのです。だからこういう場合は、本当の自分になるためにそこからの脱脚が必要です。なので、こういう人こそ「心のまま」にやりたいようにやればいいのです。

本当の自分を出していくと、わがままになってしまうのではないかという恐れもあると思いますが、このような場合は、本当の自分を出せば出すほど調和していきます。

「心のまま」なのか「わがまま」なのかを見極めていきましょう。

願いを忘れたほうがいいの？

願いを放ってから、願いが叶うまでというのは、通常、ある程度の時間を要しますが、「そのあいだに、ずっと願っていたほうがいいんですか？　願いを忘れたほうがいいんですか？」というご質問を受けることがあります。

これの答えは、「どっちでも大丈夫」です。どっちにしても叶うのです。

自然に任せましょう。

願いを放って、（まだ願いが叶っていないにしろ）願いに関係する何かがすぐに起こってくる、ということはよくあることですが、そんなときは、自然と願いのことをよく考えていると思います。

ほかに何かやりたいことが起きてくれば、自然と願いのことは忘れているか、あまり考えていないという状況になると思います。

どちらでも、あなたが本当にそうしたいのであれば結局は叶うので、自然に任せて大丈夫です。

基準があるとしたら、願いのことを考えたときに、嬉しかったり、ワクワクしたり、情熱が湧き起こってきたり、温かい気持ちになったりする、つまり、あなたがいい気分になるのだったら、願いのことをずっと考えていたり、イメージングしていてもＯＫです。

しかし、願いを考えて、自分の不足感が助長されたり、叶うかどうか不安になるという状態でしたら、考えなくてもいいよ、というサインです。

願いのことを考えていい気分にならないなら、ほかのいい気分に意識を向けたほうがいいのです。

願って、つまり、あなたが正しく意思を放って、キャンセルしなければ、ちゃんとそれは創造されて叶うわけですから、願ったあと、（キャンセル以外は）何をしていようとOKなわけです。つまり、忘れていても叶います。

この忘れている、という状態が願いを手放した状態ですね。

「忘れる」と「キャンセル」は違います。

「忘れる」は願っているけど願ったことを忘れた状態。

「キャンセル」は自分で「いらない」と意思を放っている状態。

願って、キャンセルしない状態を保っていれば、忘れてもOK。忘れなくてもOK。もう願っていない状態です。

キャンセルしなければどちらでもOKなのです。

願いを手放したほうがいいよ、つまり、忘れたほうがいいよと言われるのは、願いについてあれこれ考えると、それが大事な望みであればあるほど、また、大き

な無理そうな願いであればあるほど、

「やっぱり無理そうだからいいや」

「現実は全然違う、やっぱりダメなんだ。もういいや」

とキャンセルしがちなことがあるためです。

そうなるくらいだったら、忘れたほうがいいというわけです。忘れることができるなら、忘れてもいいし、自分に願いを撤回しない強い意思がありさえすれば、忘れなくてもいいのです。

どちらでも、叶うのですから。


ただ、願うのをやめたほうがいいケースというのもあります。

というのも、多くの場合、「今幸せでないから」「今足りないから」「今の自分がダメだから」という動機で願いを形成しているのですが、その場合、願えば願うほど、「不幸な現実、足りない現実、ダメな現実」を創造し続けてしまうからです。

「不安だから」「認められたいから」結婚したい、「足りないから」お金が欲しい

というようなケースがそれに当てはまります。

その場合は、いったん願うのをやめるほうがいいと言えます。

願うのをやめて、と言うと、「諦めているようで怖い。そうすると願いが叶わないんじゃないか。そんなことできない」と言う人がたくさんいますが、そうやって恐れに囚われていても、何もいいことはありません。

願いを叶えることより、今幸せになることのほうに集中しましょう。

恐れを手放すためにやれること、それにはやはり、今ある幸せを感じ取れる体質になっていくことです。

願いを叶えるための行動

本当の願いを知り、その願いを素直に放ち、波動を整える、ということをやれば、そのあとどのように行動したらいいか、というのは自然とわかってきます。

例えば、渋谷から新宿に行こう、と意思を放つとします。

じゃあ、電車に乗ろう、と思い浮かぶ人もいるし、タクシーで行こうという人もいるし、バスで行こう、自転車で行こう、という人もいるし、もしかしたら、ちょっと遠いけど、運動のために歩いて行こう、という人もいるかもしれません。

どれを選ぶかは自由で、自分の好きなものを選べばいいのです。どれがいい悪いということはなく、自分が選びたいものを選べばいいだけです。そうしたら、この、渋谷から新宿へ行くという願いは、ちゃんと叶います。

もしかして、その前に品川に用事があって、そっちに行ってから新宿に行くかもしれませんし、遠回りしても構いません。

行くと決めていればいつか着きますよね。

どう行動すればいいか、ということに悩む人が多いのですが、このように考えたら、行動というのはなんでもいい、そこは重要ではないということがよくわかると思います。

というのも、行動は創造の原因ではないからです。創造するのは、あくまで心だからです。

ここからここへ行きたい、というような一番シンプルで簡単な願いを例にしたので、そりゃ叶うでしょ、と思うと思いますが、叶えるのが難しそうな願いでも、原理はまったく同じです。

例えば、ダイエットしようと思ったとします。そこで、その方法として、自分がよしこれをやろう、と思ったのをやればいいし、やってみて、途中で違うと思ったら変えてもいい。

「どのダイエット法が成功するんだろう?」というところで悩む人が多いのです

が、歩いても、タクシーに乗っても、バスに乗っても、電車に乗っても、遠回りをしても、渋谷から新宿に行けるのと同じで、自分がよしこれをやろう、と思うものであればなんでも大丈夫ですし、もしやってみて痩せなかったら、別のことを試せばいいのです。

結局のところ、どんなダイエット法でも、ちゃんとやれば効果はあります。「摂取カロリー」＜「消費カロリー」になっていれば、痩せないわけはありません。しかし、それをちゃんとできる人と、できない人がいるだけなのです。どうやったらちゃんとできるかと言うと、自分が本当にピンときているダイエット法を選んでいること、そして、それを我慢してやるのではなく、楽しんでやっていること、つまり、**自分の意識の持ち方を自分で選んでいること**です。

そのやり方が、人がいいと言ったから、有名だから、料金が安いから（または高いから）、効果がありそうだから、ではなくて、自分が「これだ！」「やってみたい！」と思ったものをやることが大事です。そうでないと、楽しめないですから。

本当にやりたい方法で、楽しみながらやることと、無理だと思わないこと。願いをキャンセルしないこと。これができていれば、いつかはたどり着くのです。

ただ、人がいいと言ったものではなくて、と書きましたが、よしダイエットしよう、と決めたとすると、その日とか次の日とかに、こういうダイエットがいいよ、と言ってくる人がいたりすることはよくあります。それは、周りも究極的には自分だからそうなるのですが、それはサインであることも多いのです。ですので、人が言ったとしても、自分もそれよさそう、と思えるものならＯＫです。

しかし、ものすごく人に勧められたけど、なんだか気乗りがしない、これは違うというものは、いくら人がいいと言うものでもそれはやらなくていい、ということです。

人がいいと言うものでも言わないものでも、最終的に、自分自身の心に従いましょう。

行動で大事なのは、自分の勘や選択を信じられるか。自分自身で選択をした上で、今やりたい努力、できる努力はする、やりたくないこと、できないことはしない、ということです。

ただ素直に従えばいいのですが、これをしたらどう思われるだろうとか、これをしたら結果がどうなるか、というほうに気を取られていると、なかなか行動できないかもしれません。

結果は気にせず、興味があるなら行動してみる、を徹底してみてください。

もし、自分の望みが現状とかけ離れた大それたことで、そのことに対して何もできそうなことが浮かばない、どうしてもできないときは、まだ何もしなくてもいい時期だということです。

自分がちゃんと意思さえ放っていれば、そのうちに、何か思い浮かんだり、何かしらそっちの方向に導かれることが起こりますので、今やろうとしてもできないことは、それはやらなくていいよ、ということ。

ただし、やりたくてしょうがないんだけど、恐怖が邪魔する、ということはや

るべきです。そこの見極めは大事です。

自分さえ踏み出せばできそうなことはやる。周りの状態、環境などで、どうしてもできないということは、今は時期ではないので、やらなくていいということです。

何もしなくても叶う？

願いも、ものによっては、何もしなくても叶うものがあります。

例えば、こんな仕事をしたいとか、あの人とコラボをしたらいいものができるんじゃないかとか、あれが欲しいなとか思っていたとします。

そうしたら、その願いを叶えるための行動を自分が特に何もしなくても、たまたま会った人が、そのコラボしたい人の友人だったり、やりたいと思った仕事のオファーが向こうから来たり、欲しいと思っていたものを頂いたり、急に次の日からセールが始まって安く買えたりする、ということは私も何度も何度も経験しました。

基本的に、自分の「こうしたい」「ああしたい」「これが欲しい」「あれが欲しい」という思いが本当であり、日々、いい波動、願いが叶ったときと同じ波動に合わせていれば、そのようなことはよく起こります。

ですので、**大事なことはやはり、日々、どれだけ今ある幸せに目を向けられるか、毎日を楽しんでいるか**です。そして、**やりたいことはやりたい、欲しいものは欲しい、と願いに素直になっていること**です。

結果を気にしない

前章でも、結果を設定しないということを書きました。この行動を取ったらその結果はどうなるんだ、と結果を気にする人が多いのですが、結果はやる前からわからなくていいものです。

うまくいくならやる、というような姿勢の人が多いのですが、そう思うようなことは、本当にやりたいことではないことが多いのです。

うまくいこうがいくまいが、これをやりたい、そういうふうにやってしまうのが本当の望み。

もちろん、怖くてすぐにはできないものもあるかもしれませんが、それでもやっぱりやりたくて、時間がかかってもやる、というようなものです。

確かに、渋谷から電車に乗ったら新宿に着くという結果が見えていることと、今は結果が見えていない願い、という違いはあります。でもそれは、ただ見えてないだけで、先にはちゃんとあるのです。意思を放ったら、それが完成した未来というのは同時にすでに存在しています。

結果が今見えないものに関しては、結果を求めようとしないのが大事です。どうしてかと言うと、これやりたいんだけど、こっちのほうが効果ありそう、となってしまって、自分の感覚と違うほうを選びがちだからです。

結果が気になってしまうときは、どの方法も、全部同じ結果が出るとしたら、どれやりたい？　というように考えてください。

ですので、うまくいかせよう、ではなくて、とにかくやってみよう、という感じでまずやってみて、ダメなら次、飽きたら次、違うと思ったら次、というふうに、そこは行動力を発揮しましょう。

そのとき、**なんの成果もなかったとしても、経験するということが大事**なのです。あとでこれがこうつながっていたのか、という全体図が見えるときが来ますから。

そしてやってみて、頭で思ったことと違う結果でも、ちゃんと導かれています

ので安心してください。

また、いい気分でいたら、嫌なことが一切起こらないというわけではありません。「いいこと探し」は、嫌なことが起こらないようにするためのものでもないのです。どんなときも、自分が幸せを見つける力を育てるためのもの。

結果をコントロールするためのものではありません。

結果にこだわっていては違った方向へ行ってしまいます。結果が出なければ幸せでない、結果が出なければ満足できない、そんなふうになってしまうのです。

結果が出ようが出まいがやりたいこと。結果が出なくてもこれをやってよかったと自分が思えるようなこと。そういうことを選択していきましょう。

いいことを起こそうとか、悪いことを起こさないようにしよう、ではなく、**何が起こったとしても、それをどう捉えるかは常に自分次第だ、ということを身につけるのが引き寄せです。結果に幸せにしてもらおうという思いを手放したところに、本当に探していた幸せがあります。**

引き寄せと努力と行動

「英語を話したい！　と願ったとして、何もせずにいい気分でいただけでは話せないですよね？」というご質問を頂いたことがあります。

本当は人間には、そのくらいの能力はあると思います。精神次元が上がれば上がるほど、思いは即現実化していきます。しかし、最初からそれは考えないほうがいいでしょう。

というのも、ラクをして結果を得ようとすると、それは、自分のやりたいことを達成するのはラクではない、という思いを強化することになり、ますます大変な現実を創造してしまうからです。

通常は、肉体を持っている限り、なんらかの行動が必要になってきます。やはり、一歩も家から出ずに行きたいところに行ける、なんて人は九十九パーセント

いないのです。

だから、「英語を話したい！」と本当に願ったら、近くに急に英会話教室ができるとか、急に猛勉強したくなるとか、はたまた外国人の恋人ができたり、海外に行きたくなったりするでしょう。

必死の辛い努力は必要ありませんが、あなたが楽しいと思う努力、やりたいことにはエネルギーを注ぎましょう。辛いことは続きませんが、自分が心からやりたいこと、楽しいことだったら達成できてしまうものです。

「やりたくてたまらない努力」「楽しい努力」はどんどんやりましょう。努力や頑張りを否定することはありません。

それは、あなたが願いに素直になったからこそ湧き起こってくることであり、あなたが願いを叶えることに近づけてくれます。

と、ここまで、努力や行動について書きましたが、やはり、**一番大事なのは「意識」**です。

どんなに頑張っても、「自分に英語を話せるわけはない」と思いながらやったら何も変わりません。

ですので、自分の願いに素直に、まっすぐ前向きになり、私にはできる、難しいことは何もないと信じる、という意識の持ち方がまず大事です。

頑張っても何も変わらないという人は、行動よりまず意識の改革に取り組むのが先です。

その上で、やりたいことに対しては思いっきり努力したり頑張りましょう。

大変なことであっても、「それ自体が楽しい」という発想にたどり着けると、その物ごとはよい方向へ向かいます。

まったく同じことをするのでも、「辛いもの、我慢しなくてはできないもの」と考えることもできるし、「楽しく自分を望む方向に変えてくれるもの」と捉えることもできます。

後者のほうで考えると、「いい気分」ですよね。

引き寄せで言われる「いい気分」というのは、快楽的なものに逃げるという意

味ではまったくなく、どんなことでも、自分次第で楽しくするということ。

自分主体で物ごとを辛くも楽しくもできるよ、ということです。

やりたくないことをやる（例えば、それが常識だし義務だから）、というような努力や頑張りは必要ありません。

また、未来のことを心配して、起こるかどうかわからない未来のために、今あれこれやってしまう、というような頑張りも必要ありません。

しかし、

- **自分を幸せにする努力や頑張り**
- **自分のことを好きになる努力や頑張り**
- **自分がやりたいことをやる努力や頑張り**

これらは惜しまないようにしましょう。

好きなことをすればうまくいく？

好きなこと、やりたいことをやればどんどん波に乗る、引き寄せる、と聞いたことがあると思います。

好きなことに対する純粋な「愛」の波動、やりたいことをしているときの「情熱」の波動、これらは、感情の二十二段階（『「引き寄せ」の教科書』参照）でも最高のもので、こういう波動を出していれば、必然的に自分にとっていいものをどんどん引き寄せていくからです。

しかし、これまで、やりたいことをやってもうまくいかない、と感じたことのある人も多いはず。

なぜそうなってしまうかと言うと、多くの人は、自分の好きなことも本当にやりたいことも知らないからなのです（正確な統計がもちろんあるわけではありま

せんが、日本では八十パーセントくらいの人は、「自分の好き」「やりたい」がわからない、またはわかったつもりになっているけど実際はわかっていない、と体感します)。

自分の好きなものややりたいことを探しているつもりでも、

- **よさそうなもの**
- **人がやっていること**
- **世間的に流行っていること**
- **一般的に幸せそうに見えるもの**
- **得になりそうなもの**
- **親に褒められそうなこと**
- **自分を他人によく見せてくれそうなもの**

そういうものを探してしまい、それが好きなことであり、望みだと勘違いしてしまうのです。

心当たりのある人もいると思いますし、まったく気づいていないけれど、このパターンに陥ってしまっている人はたくさんいると思います。

このパターンですと、好きなことをしているつもりでも実際は好きでもないし、魂がやりたいことでもないので、やはりよい連鎖は起きてきません。

自分の本当の好き、本当の興味、本当にやりたいことを知るには、しばらくのあいだ情報断捨離をするとか、できるだけ一人の時間を多くして一人で行動するようにするなど、とにかく自分の内側と向き合う時間を意識的に取ることが大事です。

または、本当にやりたいのかわからなくても、とにかく、気になるものはどんどんやってみる、というのもよい方法です。

行動すれば、それが本当にやりたかったのかわかりますから。

やりたくないことをやらなくてはいけないとき

「やりたくないけど、義務でやらなくてはいけないことがあるんですけど、どうしたらいいですか?」というご質問も何度も頂きました。私自身も以前はそのような状況がよくありました。

嫌だけど、やらざるを得ない。嫌だけど、断れなかった。

そんなとき、**まずは「これは嫌だな」と自分でわかっていれば大丈夫**です。**嫌ではないふりをして、その「自分の感覚」をなかったことにしてしまわないのが大事**です。

そして、これが嫌なら「じゃあ自分が本当に望んでいることは何か?」と、望んでいることを確認してみたり、「この状況でいい気分になれる材料は何かないか?」と探してみたりするようにしてみましょう。

すると、あなたの波動は望む方向へちゃんと変わります。

やりたくないことをやらなくてはいけないとき、人のせい、仕事のせいにしがちですが、その仕事を選んでいるのは自分です。仕事を家族のためにやっている、という理由がさらに出てくるかもしれませんが、その家族と一緒にいることを選んでいるのも自分です。

きついようですが、**すべては自分で選んでいる、ということをまず自覚しなければ、自分で変えていくことはできません。**

まずは、自分で選んでいるんだということに気づき、そして、そのやりたくないことをやめられる状況にあるのであれば、キッパリとやめたほうがよいと言えます。しかし、どうしてもやめられない状況にあるのであれば、

- **やりたくないことの中に、やりたい部分を見つける**
- **やりたくないことを、どんなふうにしたら少しでも楽しくなるのか、自分で工夫する**

そんなふうにして、「やりたくないこと」を少しでも「やりたいこと」に近づけるしかありません。

わたし自身も会社員時代は、つまらない仕事を工夫して楽しくやる努力をたくさんしました。

あなたが、「やりたくないけどやらなくてはいけないこと」がたくさんある現実から、「やりたいことをやる生活」を引き寄せるためには、これが必要です。

百パーセントウキウキで楽しめなくてもいいから、とにかく少しでも楽しむのです。嫌々やることを続けていれば、嫌々な現実を引き寄せるだけ。少しでも楽しみ始めれば、そこに「引き寄せの法則」が働き、楽しみが楽しみを呼んできます。

できることから、「やりたいこと」をやっていきましょう。

そうすれば、現実は絶対に動いていきます。

心身を浄化する

私たちは、目に見える身体だけでなく、その周りには目に見えない身体が何層かになっています（エーテル体、アストラル体など）。ヨガは、目に見える身体の浄化のためにに、そして呼吸法や瞑想、マントラや歌や踊り、巡礼などは、目に見えない身体の浄化のために、古来から実践されてきた方法です。

キリスト教では讃美歌を歌ったり、また私の住んでいたバリ島ではヒンズー教の儀式で踊りを捧げたりしますが、どうしてかと言うと、これらが見えない身体に効いてくるからです。

本格的な瞑想ではなくとも、歩く、断捨離する、掃除する、自然に触れる、温泉に浸かる、身体を動かす、何かに没頭する、美味しいものを食べるなど、我を忘れたり、リラックスできるものも、本当の自分につながりやすくなるためによい方法です。

また、実際に食生活や健康を気にかけて、身体をできるだけいい状態に保ってあげることも大事です。例えば、腸は、幸せホルモンとも深く関わっていて（幸せホルモンの九十パーセントは腸からやってくるという研究もあるそうです）、腸の状態をよくしていくことは、いい気分でいる、いい波動でいるということにつながっています。自分を大事にするというのは、自分の身体を大事にするということも含まれます。プチ断食なども可能な方にはお勧めです。

引き寄せに取り組んで、波動がよくなってくると、自然と、身体によい食べ物に意識が向いたり、身体を大切にしようという思いが湧き起こってきた人も多いかもしれません。それは、とても自然でいいことです。

スピリチュアルに理解のある人は、オーガニック食品などを好む傾向がありますが、やはり、**自分の波動と食と健康は連動しています。**

肉体は、魂が宿る唯一の場所です。それを大事に扱ってあげましょう。

「いい気分だったら暴飲暴食もＯＫなのですか？」というようなご質問を頂くこ

とがよくありますが、本当にいい気分だったら、暴飲暴食をするはずがない、というのが答えです。

何か満たされないことがあるから、暴飲暴食をしてしまうのです。

そんなとき、暴飲暴食をしてしまった自分を責めるのではなく、私は何が満たされていないんだろう？　じゃあ、どうすれば満たされるんだろう？　と、思考を望むほうへ転換していってください。

そして、より身体にいい食材を選ぶのはもちろんよいことなのですが、食べ物も、こだわりすぎると「こうしなければいけない」「ああしなければいけない」と凝り固まってきて、最初はいい波動だったものが、どんどん悪い方向へ行ってしまうこともよくあります。好きなものを美味しく食べればそれでいい、という緩い感じで食を楽しむのがお勧めです。

ただ、「その食事を本当に自分は美味しく感じているのか？」という自分への問いかけは必要です。中毒に近いような状態で、好きだとか食べたいとか思い込んでしまっている場合もありますから。

「本当のいい気分」を見極めていくことが、望む人生を引き寄せていくコツです。

どんなことも、自分の気づきに変えていく

生きていれば、すごく嫌なことだったり、大変なことだったり、誰にでもそういうことは起こり得ます。

そのようなことが、魂のシナリオ上にそもそもあるということもありますし、カルマだということもあります（カルマについては次章に詳述）。

また、そのような経験を経て、今回の魂の望みに気づけるようになっていることも多いのです。嫌な思い、辛い経験を経て、自分が本当に何を望んでいるのかを知ったり、それに対処する方法を学ぶうちに、やりたいことに行き着いたとい

うようなことはよくあるでしょう。

自分が全部引き寄せている、と考えることは、きついこともちろんあるかもしれません。

でも、**全部、今回の人生の魂の成長のために、より深い気づきのために、自分が選んで、そして自分という魂のために起こっている**と考えてみましょう。

そこで、それを「誰かのせい」や「偶然」で片付けてしまうのではなくて、自分の「気づき」に変えられるかどうか。起こった悪いことをよいことに変えられるかどうか。

一見、悪いことを引き寄せたと思っても、魂の視点から見ればまったく悪いことではないのです。

そのように物ごとを捉えていくことが、今回の人生の魂の望み、目的、課題、テーマに気づいて、それに沿って生きていくことのヒントになります。

「誰かのせい」や「偶然」にしてしまったほうが、ラクなのは間違いありませんが、それは真実から遠ざかる道です。

宇宙は、本人にとって不必要なことは起こしませんし、起こりません。

もちろん、「偶然だ」で片付けてしまうのも自由ではあります。すべては自分が決めているので、もしあなたが偶然を選ぶのであれば、あなたの見える世界では、偶然だとしか思えないようなことがたくさん起こるでしょう。あなたが信じていることを創造するからです。

それが悪いわけではありません。

しかし、すべては必然であり、自分という意識の中から起こっていると考えることができれば、見えてくること、気づけることがたくさんあります。

そして、それがわかればわかるほど、感謝や幸せを感じやすい状態になり、そうなれば、さらにシンクロや引き寄せが起こるというよい循環になってきます。

神頼みやパワーストーン

神社やパワースポットに行ったら願いが叶った、パワーストーンを付けたら願いが叶った、こんな話をよく聞くかもしれません。

こういうことは、実際に起こり得ます。

しかし、それは、神社の神様が叶えてくれたわけでも、パワーストーンがすごいから叶ったわけでもなく、あなたが「神社に行けば願いが叶う」「このパワーストーンは効果がある」と信じていたから、そうなったのです。

どんなにすごいパワースポットだとしても、効果がある人とない人がいるのは、これが理由です。

つまり、すごいのは、神社でも神様でもパワーストーンでもなく、「あなた」の創造力です。

パワースポットに行きたければ行けばいいし、欲しい開運グッズがあるなら買

うのもいいでしょう。しかし、**創造しているのは自分**だ、ということを忘れないでください。

それを忘れなければ、変な宗教にはまることも、法外に高額な何かを買ってしまうようなことも、誰かに必要以上に依存してしまうようなこともなくなります。

また、占いやリーディングについても、実際に本当に見えないものが見えたり、魂のプログラムを読むことができるという人は存在します。しかし、あなた自身が自分の選択を決めておらず、占いに決めてもらおう、つまり、自分が何も決めていない状態で占いへ行ったとしても、決められない現実を引き寄せるだけでしょう。また自分を安心させようと、つまり、不安な状態で占いを渡り歩いたとしても、行った先々で異なったことを言われ、また不安になって迷う、というようなことを引き寄せます。

逆に、自分の心がほぼ決まっている状態で、さらなる後押しが欲しいというのであれば、そのときのあなたにぴったりなアドバイスがもらえるでしょう。

どのような占い師に出会えるか、何を言われるかも、引き寄せているのはあなたです。

そして、占いなどで望まない結果を聞いたとしたらどうすればいいかと言うと、「それを自分は望むのかどうか？　望まないとしたら、どういう人生を望むのか？」と確かめ、新たな選択をする機会にしていきましょう。あなたの選択が今変われば、それに伴い、引き寄せるものは確実に変わります。

すべての創造の起点は、今なのですから。

直感を大事にする

直感を説明するのは難しいのですが、「理由はないけど、これがいい」「理由は

ないけど、こうしたい」「理由はないけど、これに間違いない」など、理由を必要としない確信、ということが言えると思います。

理由がない、というのがポイントで、なぜなら、理由があるものというのは、頭で考えて理由を創り上げた、本当にやりたいことではないことが多いのですが、理由がないものというのは、ただ、魂からダイレクトに届いた（だから頭ではわからないこともある）もの、ということが言えるからです。

最初は、確信というレベルまでは行かないかもしれません。小さな確信というレベルかもしれません。それでも、自分が「これだ」と思うものをまずは信じて、選んでみてください。

直感を受け取るのも一種のチャネリングですが、こういう能力は、感度の差はあれ、誰にでもあります。特別な人だけにしかできないことではないし、「特別な人にしか得られない情報」なんてありません。

誰にでも分け隔てなく、その人にとって必要な情報は届きますし、導きがあり

ます。

そんな能力が自分にもあるということを信じてみてください。「あ、これだ！」とわかるような体験が、いつかやってきます。

私自身、直感はかなり発達しており、その直感により、これはそのうち現実化する、しないがわかったりします。例えば、何か気になるものや、こうしたいなと思うことが湧き上がってきたとして、自分の中で確信があるものは必ずその通りになりますし、そうでないものは現実化しないのです。

自分の中の本気度や確信度に、現実は呼応します。

その意味で、ある程度近未来はわかるような感じです。しかし、そうした直感に従った結果、遠い未来には、想像もしなかったような現実に運ばれている、ということはよくあることで、その意味で、遠い未来というのはわかりませんし、考える必要がないのです。

願望実現から、願望消失へ

引き寄せに興味を持つ方は、ほぼみなさん、最初は、叶えたい夢や望みがあって、現状には満足していない状態だと思います。

そしてそこから、夢や望みを叶えることを目指して引き寄せを始めるわけですが。引き寄せで何をするかと言うと、現状の中にいいところ、幸せや感謝を探す、できるだけいい気分でいる、ということです。

それを続けていくと、どうなるかと言うと、結局なんでもあり、つまり現状のままでＯＫ、ありのままでＯＫだという状態になります。

どんな状況の中にも、幸せはあるわけですから。

そうすると、あれ、夢や望みって一体……。となる瞬間があるかもしれません。

そして、それで正解、と言いますか、それはとてもよい兆しです。

このように、願望が消失していく、夢や望みが叶っていなくても、現状がまんざらでもなくなる、そうすると、望みは難なく叶うようになります。

夢や望みがどっちでもよくなるくらい、現実に幸せを感じ、楽しみ始めると、夢や望みは簡単に叶うのです。

この感覚が掴めてくると、もう、夢や望みに執着することはありません。もちろん、自分がワクワクすること、やりたいこと、もっとこうしたいなということ、それは意識するのですが、固執しなくなるのです。

そして、ますます自然体の自分となり、その状態で、ただこうしたいな、こんなものが欲しいな、と素直に望むだけで、それを引き寄せることができます。

委ねる

究極のところ、特別なことは何もしなくても、毎日自分のやりたいことややるべきことをやって、幸せ探しと感謝を忘れず、流れに任せていれば、本当に願いは叶っていきます。

現実世界で本当に叶ったというストーリーを見るためには、ある程度の時間は必要です。でも、心から望んでいることであれば必ず叶います。

だから、じたばたせず、自力で引き寄せようとするのをやめてみましょう。流れに委ね、来る波に乗りましょう。

私は合計十年ほどバリ島に住んでいながら、サーフィンをやったことがないのですが、人生は、サーフィンのようなものなのです。

波が来るまで待つ、波を見極める、そして、波が来たらそれに乗る、その繰り返しなのです。いい波を楽しみながら待ちましょう。

普段の生活では、そういう姿勢が大事だと思います。そして、待っている時間を大切にして、できるだけ毎日を楽しむ姿勢でいると、波を見極める目がついてきます。

波の来ないものは、時期でなかったり、本心でなかったりするものです。

何度もお伝えしてきたことですが、あなたが引き寄せようとしなければ、引き寄せなくてもいい現実が創造され、結果的に引き寄せるのですね。

引き寄せなければ引き寄せるのです。

なりゆきに任せ、なりゆきの中で、自分ができること、やりたいことをやれば大丈夫。

すべてはうまくいっていることを信頼して流れに任せましょう。

自分をいい状態にして待っていれば、いずれ必ず波はやってきます。あなたが心から本気でそうしたいと思うことに関しては、必ずそれに対応する波が創られるのです。そして、あなたの波動に、いい波が必ず引き寄せられるのです。

そして、「絶好の波が来た！」という瞬間には、動くことが必要になってきます。

ただこれも、無理に動くのではなく、自然体で過ごしていれば、**波が来たときに身体が自然と動くような感覚で、波に乗れる**のです。

もし、願いと正反対のことが起きても、困ったことが起きても、ちゃんと本当の望みに向かって導かれているので、なんの心配もいりません。

あなたが本当の望みを放ったあと、あなたの現実に起きてくることはすべて、あなたの願いを創造するために起きています。

それが一見、願いが叶う方向とは真逆のことであっても。

それを、信頼してみてください。

うまくいかないからといって、自分の本当の願いを諦めたり、妥協する必要はありません。

確かに、願いが叶うときというのは、流れに乗ってとんとん拍子に進むことも多いのですが、そうでないときもあります。

「うまくいくかどうか」が基準ではなくて、「自分が本当にそうしたいのかどうか」「それに喜びを感じるのかどうか」、それが、その願いがあなたの魂の望みであるのか、そして叶うのかどうかの基準です。

早く願いを叶える方法

あるとき、ある日曜日に、娘のたっての願いで東京ディズニーリゾートに行くことにしたのですが、その前の週の金曜日くらいから、娘は「早く日曜日にならないかなあ」と三十分おきくらいに言っていました。

気持ちはとてもよくわかります。

しかし、「早くディズニーランドに行く日が来ないかなあ」と言っているうちは、

なかなか来ません。同じように時間が流れているはずなのに、とても長く感じますよね。

そこで私が言ったのは、「早く日曜日が来る方法は、早く日曜日が来ないかなあ、と考えるのをやめることだよ」ということでした。

金曜日にも、土曜日にも、それなりに楽しい時間が過ごせるはずなのです。

でも、そうした今ある楽しみを見ずに、先のことばかり考えると、「早く日曜日が来てほしい」という願いはなかなか叶わないのです。

逆に、そう考えるのをやめて、その日一日を楽しめば、一日や二日が過ぎるのなんてあっという間ですよね。

願いに固執しないための努力はやはり必要です。

人間は、どうしても、願いが叶った先に幸せがあると考えてしまいがちなので（本当はそうではなく、幸せは今ここにしかないのですが）、自分の思考を方向付けずに放っておくと、未来や願いのことばかり考えて、「叶わないな、まだか、まだか」と苦しくなってしまいがちです。

だから、「今ある楽しみや幸せ」のほうへ目を向けるという努力は必要です。

結局のところ、**すぐに願いを叶える方法は、「すぐに叶えたい」と思わなくなること**なのです。

だからとにかく、願っていることを忘れてしまうくらい、日々を精一杯、楽しく生きましょう。

毎日を楽しくするのは自分の責任であり、ちょっとした工夫で自分でできることだというのを忘れないでください。

それこそが、あなたの願いを叶える最短の方法なのです。

第五章　願望が叶わない理由

ラクをしたい、現実から逃げたいという思いからの願いは叶わない

この章では、復習を兼ねて、願いが叶わない理由を解説していきます。願いが叶わない理由を知ることで、もしそれに当てはまっていたら、自分で意識の持ち方を修正していくことができます。

「引き寄せの法則」と聞くと、やはりどうしても、よし、一攫千金を狙って一生安泰、ラクをしたい、と思う人は多いのですが、残念ながら、「宝くじにでも当たって会社を辞めたい」などのように考えていても宝くじは当たりません。

このときの本心は、「会社が嫌だ」「現実から逃げたい」ということなので、もっと会社が嫌になるようなことや厳しい現実を引き寄せてしまいます。

どうしてそれを願うのか、深く掘り下げることが大事、というのはお伝えしま

したが、願いの動機が何なのか、今一度考えてみましょう。

「宝くじを当てたい」の本心が、あんな家を買って、こんな生活をして、こんな事業をして、こんなものを買って、というものであり、なおかつ、そんなこと叶うわけないでしょ、と思っていなければ、それは叶います。宝くじが当たるかもしれませんし、あなたがやりたいことを全部達成できるだけのお金もチャンスもやってきます。

もしくは、「宝くじは買えば当たるもの」と信じている人がいれば、その人は当たるでしょう。

しかし、仕事が嫌だ、会社が嫌だ、人間関係が嫌だ、現実が嫌だ、(だから宝くじを当てたい)と思っていたら、その嫌な現実がずっと現実化し続けます。

あなたの思う通りになるのです。

同じように、もっとお金持ちになりたい、という願いを持っていたとしても、今の現実が嫌だからお金持ちになってそこから逃げて、何もせずに暮らしたいとい

うのと、この人生を思いっきり楽しみたい、自分の持てる力で何かを成し遂げたい、というのでは、出ている波動がまったく違うということはわかって頂けると思います。ということは、引き寄せるものは全然違うものになるということです。したくないことばかり考えていたら、したくないことが起こり続けます。したいことばかり考えていたら、したいことができる現実がやってきます。

とにかく、何をしたくないか、何が嫌か、ではなく、何をしたいか、何が欲しいか、を考えてください。

逃げの姿勢や、満たされていないという思いからの願いは叶いません。素直に、あれしたい、これしたい、あれが欲しい、これが欲しい、こんなふうに生きたいなど、自分の意識をその状態に持っていくようにしてください。

結局のところ、もっと収入を増やしてラクになりたいんだけどどうすれば？　という質問に対しては、ラクになりたいと思わなくなる、つまり、毎日がすでに楽しくラクになれば、その願いは叶いますよ、というのが答えになります。

ないから欲しい、は叶わない

これも先程のラクをしたいという思いからは叶わない、に似ていますが、例えば何か欲しいものがあるとき。

例えば、高級なバッグが欲しいとしましょう。

その理由が、誰かがいいバッグを持っていて、自分にはそれがないから欲しいという場合。

この場合は、私は持っていない、私には足りない、という思いが叶います。

しかし、自分がとても気に入ったバッグがあり、それが好きで仕方なくて欲しいという場合。この場合は、自分にはお金がないから買えないと思わない限りは、手に入ります。

バッグを買えるだけの臨時収入があるかもしれないし、誰かからプレゼントさ

れるかもしれないし、その経緯はわかりませんが、手に入ります。

同じように「あれが欲しい」と思っていても、その動機により、実際に引き寄せるものは違ってきます。

ないから欲しいは叶いませんが、好きだから欲しい、とか、これがやりたくてそのためにどうしても必要だ、というものは、叶います。

引き寄せの法則は愛の法則です。あなたが愛を注ぐものを引き寄せます。愛あるところに引き寄せあり、なのです。

願いではなく、執着しているだけ

願いと執着というのは、明確な違いがあります。**素直な願いというのは、「こうだったら幸せだな」と思っている状態。執着というのは、「こうでなければ不幸だ」と思っている状態です。**

例えば、素敵なパートナーがいたらなんて幸せなんだろう、だからパートナーが欲しい、というのと、パートナーがいない自分は不幸だ、ダメだ、だからパートナーが欲しい、パートナーがいなければいけない、という違いです。

同じ願いを持っていたとしても、一方は幸せに意識が向いていて、もう一方は不幸に意識が向いているという違いがあるのです。意識を向けているものが現実化するので、素直に願えば幸せを引き寄せますが、執着していたら不幸を引き寄せてしまいます。

同じように願いを持ったとしても、最初は素直な願いだったものが、執着へ傾

いてしまう、ということもあります。どうして執着になってしまうのか？　それは今幸せか、今幸せではないか、まずはそこが分かれ目なのです。

今、毎日を楽しんでいる人が、「こうなりますように」と願えば、それは素直な願いとなり、意思が放たれて創造が始まりますが、今不幸だ、という波動を発していたら、それがそのまま現実になるのです。

今の現実に幸せを見出して、楽しんでいればいるほど、簡単に願いを引き寄せやすくなります。

願いに執着してはいけない、とはよく言われますが、それは「今ないもの」だからです。素直に願いつつ、今あるものに目を向ける、今を楽しむ、今あるものの中に幸せを感じる。それが、どんな願いにも共通する、願望実現の一番確実で早い方法です。

また、執着になってしまうもうひとつのパターンとして、他人の望みを自分の望みだと思い込んでしまっている場合があります。

この人に評価されなくてはいけないからとか、社会的に認められなくてはいけないからとか、両親が自分にそう望むからとか、そうした場合はどうしても、「こうじゃなきゃダメ」というふうになりがちです。

この場合は、**自分の望み以外は手放していくことが、執着を手放していくことにつながっていきます。**

叶えることによって幸せになろうとしている

今、幸せではないから叶えて幸せになろう、としていると、まだ叶ってない幸せでない状態を引き寄せ続けてしまいます。

叶えて幸せになろう、はキッパリやめて、まずは、「今、幸せになる」ということ

とが大事です。

今、幸せになってしまえば、あなたの「幸せになりたい」というのはもれなく叶うのですから。

ほとんどの人は、やっと手に入れたものをずっと維持できると考えます。しかし、物質は時間が経てば必ず古くなったり壊れたりしますし、好きな人をずっと好きなままでいたり、まったく問題が起こらない家族でいたり、絶対に仕事で失敗しないでいたりなどはあり得ない話です。しかし、ほとんどの人が、願いが叶ったらずっと幸せ、手に入れたらずっと幸せ、という幻想を抱いています。

しかし、すべては変化します。ですので、叶ったらずっと幸せ、ということはあり得ません。叶ったら幸せになる、という幻想を手放していきましょう。そうではなくて、願いが叶わなくても幸せになれるのです。

また、これは男性にありがちかもしれませんが、お金持ちになることで自分を誇示したい、認められたい、というような動機の場合は、たとえお金持ちになったとしても、さらに自分を誇示しなくてはいけないように出来事を引き寄せ、その不足感が満たされることはないでしょう。

願いを叶えて不足感を埋めたり、幸せになるのは無理な相談です。変化しないものはないし、常に「今」と同じものを引き寄せるのですから。

ですので、今の不足感を払拭し、毎日の生活に幸せや豊かさを感じていく必要があります。

人を変えようとしている

誰かの言動を変えよう、誰かに自分を理解してもらおう、好きになってもらお

う、などのような望みを抱いている場合、これは、「今、自分の願いが叶ってません、なんとかしてください！」と宇宙に放っているのと同じなので、願いが叶ってない現実を引き寄せ続けます。

コントロールするべきは、誰かではなくて、自分だということを忘れないでください。

とにかく自分の考え方、自分の波動をコントロールすることに全力を注いでください。

次の章で、人の言動というのは自分の心の反映でしかないということを詳しく書いていきますので、それを腑に落とすことで、人を変えようという思いはなくなっていくはずです。

周囲が思い通りにならないという方は、「相手を変えなきゃ」とか、「相手が変わってくれたら幸せ」と思っているはずなので、一度、自分を振り返ってみてください。

本当に望んでいるわけではない

第三章でも、望みを精査する、ということについて書きましたが、本当に望んでいるわけではないというパターンはとても多いものです。

本当に望んでいるわけではないものは、気づいてどんどん手放していきましょう。

しかし、どうして本当の望みに気づくことが大事なのでしょうか？

例えば、極端な話ですが、「嫌いな人と結婚したい！　嫌いな人と結婚しよう！」とか、「絶対に就職したくない会社で働きたい！」と、本気で思える人はいないでしょう？　本気で願えないでしょう？　そして、それが叶ったとしても嬉しくないでしょう？　という話なのです。

そんなこと望むわけない、と誰もが思うと思いますが、実際、これに似たよう

なことをやってしまっている人はとても多いのです。

「資格試験に合格したいのですが、どうすればいいですか？」というようなことを聞かれることもありますが、よくよく聞いてみると、資格試験に合格することで自信を得ようとか、認められようとしている、というのが本当のところで、その資格の内容そのものにはさほど興味がない、ということもあります。これでは、その資格試験に合格してその仕事をするようになったとしても、まったく幸せではありませんよね。

そのように、本当に望んでいないことを望んでしまう理由は様々ですが、人のためだったり、周囲からのプレッシャーのためだったり、常識や世間体のためだったり、お金のためだったり、親に認められるためだったり。

やりたい仕事ではないのに、世間体がいいからいい会社に入りたいと望むとか、投資に興味がないのに、お金のために投資で成功することを望むとか、結婚に本当は興味がないのに、周りがしているから望むとか、本当はのんびり屋さんなのに、キビキビしていたほうが職場での評価が上がるから望むなど。

特に、日本人は人の目を気にしすぎたり、人に気を使いすぎる人が多く、自分自身の思いがとても複雑になってしまっています。

こんなふうに、本当に望んでいるわけではないのに、これが自分の望みです、と思い込んでいるケースは多々あります。

そうした願いは、**頭でオーダーしても、心で即キャンセルしている**、というループになってしまいますので、とても叶いにくいものになります。

本当の願いに気づけば、心も頭も同じ方向を向いて、まっすぐ願えます。心も頭も同じ方向を向いているものは、本心から願っていることですので叶うのです。

そして、本当の望みであれば、それがどんなに今の現実から遠かろうが、なんの関係もないし、なんの遠慮もいりません。

しかし、願いの多くは、ただの見栄だったり、人が自分に望むことを望みだと勘違いしていたり、人に何かを証明するためだったり、お金や安定のためだったりします。本当にそういうケースは多いので、何度も何度も自分の願いを確認し

てみましょう。

そのような願いでも、自分を騙し切ってしまえば、叶えることもできなくはありませんが、叶っても幸せとは関係がないため、そのような願いはどんどん手放してください。

それよりもっと叶えたいことがある

例えば、結婚したいとか、子供が欲しいけど叶わない、という人のパターンとして多いのは、本当は望んでいないか、結婚や子供も本当に望んでいるんだけど、それよりもっと望んでいることがある、という場合があります。

それが、仕事の場合もあるし、海外に行きたいとか、もっと自由でいたいとか、理由は人それぞれですが、その邪魔になるから、無意識に結婚や出産を引き寄せないようにしているのです。

その場合は、**「もっと望んでいること」を先にしないと進まないので、本当の本当にしたいことをさっさと行動に移していくことが大事**です。

離婚したいけどできないという場合もこれに当てはまります。この場合、離婚したいという望みよりも、今より経済レベルを落としたくない、などの望みを優先させているケースが多く、これも、自分で自分の望みをちゃんと選び取っているという状態です。もし、本気で離婚したいのであれば、どんな状況になったとしても離婚できます。

ただし、離婚しようと本気で動いているにもかかわらず、相手の同意が得られずになかなか離婚できない場合、本心ではまだ覚悟が決め切れていないか、その関係の中で課題（自分が気づくべき何か）が残っているというケースもあります。

ダイエットしたいけどどうしても痩せられないというのも、ダイエットしたいという望みよりも、食べたいという望みが勝っているため、そちらのほうの望みを叶えているのです。ダイエットしたいという望みの本気度が上回れば、必ず痩せることができます。

ダイエットしたいけどどうしても食べたいのであれば、ダイエット中であっても食べてもいいものの範囲内で、どれくらい工夫をして食事を楽しめるか、そのように思考を切り替えるのです。ダイエットだから食べられない、というふうに意識を向けていると、苦しくなって続けられずに失敗することが多いのですが、何を食べられないか、ではなく、食べられるもの、食べてもいいもののほうに意識を向けましょう。

そのように、食事管理を楽しむことができれば、あなたはいい気分なので、ちゃんとその願いは叶います。

まだタイミングが来ていない

あなたが心から本気でそうすると決めたこと、決められることは、必ず叶いますが、ものによっては何年もかかるものもあります。

物ごとにはタイミングがあります。

何年かかっても叶えたいのか？　それほど本気なのか？　と考えて、ＹＥＳと答えられるのであれば、それはいつかのタイミングで必ず叶います。あなた自身が、本気でそうすると思えているかどうかです。

それさえ本当なら、時期が来たら叶いますので、自分が本気なのであれば、そのまま波動を高くすることに取り組みながら、ただ時期を待てば大丈夫です。

「今幸せになる」ということをちゃんと実践していれば、まだ叶わないの？　いつなの？　というような精神状態にならずに、叶うまでのあいだも楽しむことができます。

願いをキャンセルしている

あなたが本気だったら、叶わないことは本当にありません。本当にそうしたいか？　本当にそれが欲しいか？　この問いにＹＥＳと答えられるかどうかだけなのです。

でも実際は、小さい望み（現実から見て叶いそうな望み）は叶うけど、大きい望み（現実からかけ離れた望み）は叶わない、と感じる人は多いですよね。

それがどうしてなのかと言うと、大きな望みであればあるほど、現実を見て不安になって、やっぱり無理だ、やっぱいいや、と思うから、つまりキャンセルしてしまうからですね。

また、現実からかけ離れすぎて、そもそも素直に望めないということもあると思います。

小さい望みの場合、そのキャンセルが働かないから叶うわけです。

現実を見ると、叶いそうな望みとそうでない望みに差が生まれてしまいます。

でも、自分の内面が現実に反映していく仕組み、それだけを見つめれば、目の前に見えている現実は関係がないということがわかり、小さな願いも大きな願いも同じように叶うということがわかってきます。

それが現実からかけ離れているか、そうでないか、ではなく、あなたがそれを望むか、望まないか、それだけなのです。それがわかってくると、大きな望みも小さな望みも、同じように叶えることができます。

願いが叶わないときというのは、現実に振り回されて、「オーダー」→「キャンセル」→「オーダー」→「キャンセル」の延々ループになってしまっていることがあります。

オーダーして、キャンセルさえしなければ、必ず現実に反映するのが宇宙の仕組み。あなたの心に湧いた願望は、それが叶うものだから湧くのです。

そして、キャンセルしても、またオーダーすれば大丈夫です。

前世からのカルマ、設定

カルマという言葉のそもそもの意味は、サンスクリット語で「行為」、または行為の結果として蓄積される「宿命」ということなのですが、結局のところ、自分が出したものが自分に必ず返ってくるよ、ということです。ただし、それがいつかはわかりません。

辞書的には「行為」となっていますが、もっと正確に言うと、「行為」というよりは、そのときの「エネルギー、波動」が返ってくるということだと私は思っています。というのも、同じ「行為」をしても、そのときのその人の心持ちによって、引き寄せるもの、返ってくるものは違うからです（だから、どんなことでもそうですが、◯◯したらこうなるよ、というのは、必ずそうなるとはまったく限りません。そのとき、どんな波動が乗っているかで違いますから）。

そして、エネルギーの状態では、過去に出したエネルギーも、今出しているエネルギーも、すべては同時に存在しますが、それが、物質界に現れるときには、時間と空間の中に現れるので、そこに、タイムラグができてきます。

ですので、過去世で自分が出したエネルギーや決めたこと（意志）が、今世に現れることもあります。

出したエネルギーがただただ返って来る、その法則でこの世界は動いていますが、それが、次の人生以降にまたがったものがカルマと言っていいと思います。

出したものはどうしたって返ってきます。それが今世で出したものならまだしも、過去世で出したものは、通常の場合、覚えていないのでどうしようもありません。そしてそれはどうしても避けられないもので、その避けられないものは宿命です。

また、今回の人生にはプログラムがあり、その中で、結婚する、しない、子供を持つ、持たない、人との出会い、病気やアクシデントなど、決められていることや必ず通る出来事があります。

それを、「どうしよう……」と頑張ってもどうにもならないので、それよりは、

今、どんなエネルギーを出すか、そちらに意識を向けていきましょう。

自分自身でどうしても引っかかるようなこと、そのことについて繰り返し問題が起こるようなこと、その辺りのことが、やはりカルマに関係していると言えると思います。

カルマを解消していくためには、何が起こったとしてもすべて自分が原因なのだな、ということを自覚すること。出生や人や環境のせいじゃなくて、そして偶然でもなく、自分のせいなんだと、まずは受け入れること。

そしてそのことを、自分を責める方向ではなくて、これから自分の心の持ち方、波動の出し方を変えていけば、変えていける、という方向に使うことです。

カルマや宿命はありますが、「今」出しているものによってそこに影響や変化を与えていくことができます。

引き寄せがうまく働く人と、働かない人の決定的な違い

最初にお伝えした通り、みんな引き寄せの達人であり、引き寄せができない人、というのはいません。例外なく、みんな引き寄せています。

引き寄せの法則というのは、法則なので、誰しも同じように、平等に働いているのです。

ただ、それをうまく働かせている人とそうでない人がいる、つまり、望むことを引き寄せている人と、望まないことを引き寄せている人がいるわけなのですが、引き寄せがうまく働く人とそうでない人の決定的な違いは、以下の通りです。

うまくいく人は、今、幸せになろうとする人

うまくいかない人は、願いを叶えて幸せになろうとする人

うまくいく人は、自分の中に幸せや豊かさを見出し

うまくいかない人は、現実を変えて幸せや豊かさを見出そうとする

うまくいく人は、自分の波動と気分に意識を向けていて

うまくいかない人は、目に見える現実や他人に意識を向けている

うまくいく人は、全部自分の中にあると知っているし

うまくいかない人は、幸せをいつも探している

うまくいく人は、あるものに目を向け

うまくいかない人は、ないものに目を向けている

うまくいく人は、ただ自分を認め自分の道を行き
うまくいかない人は、何者かになろうとする

とにかく、まずは、自分自身で自分を幸せにすること。

それ以外に、幸せになる方法、幸せになりたいという願いを叶える方法はありません。

願いが叶わないと幸せじゃない、と思い続ける限り、「幸せじゃない今」を創り続けます。

そして自分の道から逃げないこと。

それ以外に、幸せを引き寄せる方法はありません。

光とは、自分自身の中にすべてがあると気づくこと
闇とは、自分の幸不幸を環境や人のせいにしていること

何が起こったとしても、内面は、いつでも自分で選べます。

そのように生きることが光であり、目覚めであり、そして、本当に望んでいることを引き寄せる方法です。

第六章　現実はあなたの心を映す鏡

この世界のシステム

この世界は、常に、あなたの内面が反映されるようにできています。あなたが創造主であり、究極的には、あなたしかいないからです。

『「引き寄せ」の教科書』でも、他人はあなたの思考の鏡、ということを書きましたが、ここでは、さらに深く見ていきたいと思います。

目に見えるものはすべて、あなたの内面の反映です。魂のプログラムの反映という意味でもありますし、今、抱いている思考、感情、波動の反映のミックスです。

この世界は、自分の内面がただ反映される、そういうシステムであって、それ以上でも以下でもありません。

このシステムがわかると、自分と違う人に対して、イライラする必要も怒る必要もない、なぜなら、目の前の人はただ自分の反映なのだから、ということがわかって、気分よく過ごせる時間が増えていきます。

人間関係がスムーズであれば、いつも幸せでいい波動でいられるのに、と思う人も多いかもしれませんが、あなた自身が、目の前の人が自分の反映であることに気づけば、波動が変わって、人間関係もスムーズになっていくのです。

現実は先には変わりません。

そして、このことが本当に腑に落ちれば、他人を変えようとしなくなり、幸せを他人や環境に依存させなくなり、ただただ、目の前の現実を自分が創り出しているのはなぜだろう？　と考えるようになっていきます。

どうして、このような現実を自分が創造しているのか、どうすればそれが解消されるのか？　この章ではいくつか例を挙げ、そのヒントになることをご紹介していきます。

パートナーが部屋を汚す

例えば、あなたがとても綺麗好きで、いつも、綺麗にしておかなくては気が済まないタイプだったとしましょう。

「綺麗にしたい！」「綺麗でなくてはいけない！」という願いを、日常的に強く発している状態ということです。

そして、あなたが「綺麗にしたい」という意思を持っているなら、その願いが叶う状況が創造されます。

つまり、あなたと一緒に暮らす人は、あなたが綺麗にできるように部屋を散らかすでしょう。

あなたがとても綺麗好きだとしたら、部屋を汚す人や状況を引き寄せるということです。なぜなら、綺麗にしたいと思うあなたの意思が常に現実に反映するからです。常にあなたの願いは叶うのです。

もう、これはシステムなので、どうしようもありません。

そこで、なんであの人汚すの⁉　とイライラしてみても仕方ありません。

あなたの「綺麗にしたい」という願いを叶えるために、現実がそうなってくれているだけなのですから。


ではどうすれば、綺麗好きな人が綺麗な環境を引き寄せることができるのかと言うと、綺麗にしなきゃ、綺麗でないといけない、ではなく、すでに綺麗だなという意識を持つ、すでに綺麗なところに意識を向けるということです。

現実が変わったら幸せ（この例で言うと綺麗になったら心地いい）ではなくて、目の前の現実の中に「綺麗」を探して見つけて意識するということです。

今は綺麗でないから（とか、綺麗にしてくれない人がいるから）、綺麗にしなきゃと思っていたら、綺麗にしないといけない現実（周囲の人が汚すなど）を経験し、今すでに綺麗なので心地いいなという意識でいると、すでに綺麗な現実を経験します。

同じ「綺麗好き」でも、

・綺麗にしなきゃ　→望まない現実を創造。ただし、「綺麗にしたい」という望みは叶います。また、何もしなくても汚れるものですし、普通のレベルで綺麗にしなきゃ、と思っている場合は、ただ普通の状況を経験するので問題ありませんが、強いレベルで綺麗にしなきゃ、と思っている場合は、望まない現実を経験してしまいます。

・綺麗だな、綺麗で嬉しいな、綺麗が好きだな　→望む現実を経験

・汚いのが嫌だ　→望まない現実を経験

という意識の違いにより、経験する現実が変わってきます。

現実を変えなきゃと思っているか、現実を受け入れているか。この違いは大きいのです。

お店やタクシーなどでひどいサービスを受けた

お店やレストラン、タクシーなどでひどいサービスを受けたという場合。

その場合、「自分なんてそういう扱いをされて当然」と普段から無意識に思っているか、または、当たり前に受けられるサービスへの感謝を忘れてしまっている、ということが考えられます。


よりよいサービスを受けたいのなら、こんなことに気をつけてみましょう。

あるマナー教室に参加した際、こんなことを教えて頂きました。

一回のコース料理で、ウェイターさんがサーブしてくれる回数は、なんと四十回。そのことに意識を向けたら、自然と感謝が湧き起こりますよね。そこで、毎回サーブしてくれるウェイターさんに、「ありがとう」と伝えてください、と。

このように、ちょっと、普段意識を向けないことまで意識を拡大させていけば、

感謝できることというのはそこらじゅうに転がっています。

このように、自分の受けたいサービスを提供してくれる人に改めて感謝の気持ちを抱き、それを伝えてみましょう。

ありがとう、と思ってくれている人に対して、ひどい扱いをしてくる人はいませんから、あなたの受けるサービスはどんどんステキなものになっていきます。

「引き寄せの法則」を学ぶと、「自分中心」という考え方に出会うため、堅苦しいマナーよりも自分がどうしたいかが大事で、自分が好きなようにしたらいい、と勘違いしてしまうこともあるかもしれません。しかし、本当の意味でいい気分、いい波動というのは、自分勝手に振る舞うことではなく、かといって、我慢して無理やり形だけマナーを守ることでもなく、**自分の意識を拡大することによって生まれた感謝により、自然と、自分も周囲も幸せにするマナーを身につけていくこと**なのです。

もし、将来、お金のない世界が訪れたなら、感謝がサービスの対価になるでしょう。

マンションでの騒音や近隣の嫌がらせに悩んでいる

近隣トラブルのご相談もよくあります。

例えば、騒音で悩んでいるような場合、社会的に悪いのは、もちろん騒音を出している側ではありますが、その原因を創っているのは自分です。

まずは、自分の中の何がこの騒音の原因になっているのだろう、という視点を持ってください。自分の内側が安定しておらず、なんらかの原因でざわついているとき、こうした状況を引き寄せやすくなります。

このような場合、その騒音をなんとかしようと手を尽くしてしまうのが通常ですが、そうすれば、ますます心穏やかではいられないでしょう。まずは、自分の心をなんとかしなければ、その状況が変わることはありません。たとえ引っ越したとしても、同じような状況を引き寄せるでしょう。

騒音も二十四時間続くというわけではない場合が多いと思うので、少しでも静かな時間を見つけて、その静かな時間を味わってみたり、瞑想してみたりして、少しでもいいので、心を落ち着ける時間を取るようにするところから始めてみましょう。

また、あまりにもそれが度を越しているような場合、そこはあなたの住む場所じゃないよ、という魂からのサインということもあり得ます。そうして、あなたが本来の道へ戻れるように導いてくれているということも考えられるのです。

いいパートナーに巡り会えない

「引き寄せ」と言うと、好条件のパートナーをゲットとか、絶対幸せな結婚をするというようなイメージがあるかもしれません。しかし、これまでにも書きましたように、いくらステキな人とお付き合いすることになっても、そして結婚したとしても、必ず変化が起きます。

ですので、それは幸せのゴールではありません。

ゴールは、どんな人間関係の中にも、学びや喜びや幸せを自分が見出していくことです。

そして、ただパートナーを引き寄せたらそれでOK、結婚できたらそれでOKというような表面的なことではなく、**その恋愛や結婚を通じて本当の自分を生きる、自分の人生を自分で選び取る、魂の望みを実現させていくことがその本質**なのです。

特に女性にとって、恋愛や結婚ということは人生において重要なことであると

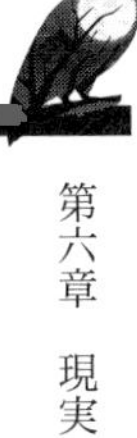

思います。しかし、パートナーがいるから完璧なあなたになるのではありません。あなたはそのままで完全であるということ。恋愛や結婚の前に、あなたがあなたの魂から生きていること。

まずはあなたがあなたの魂の道を歩いていることが大前提で、あなたがあなた自身でいれば、最高のパートナーには自然と出会いますし、そして逆に、必要のない人とはちゃんと縁が遠のいていくようになっています。

ですので、パートナーを得て幸せになろうとするのではなく、まずは、あなた自身が自分の魂の望みと向き合い、自分の人生を充実させていくことが大事です。（パートナー関連に関しましては、『宇宙から突然、最高のパートナーが放り込まれる法則』『「魂の道」を行けば、ソウルメイトに必ず出会える』（すばる舎）に詳しく書いておりますので、もっと詳しく知りたい方はそちらをお読みください）

また、自分自身が「出会いがない」と思っていたら、現実はその通りになってしまいますので、恋愛につながる出会いでもそうでなくても、毎日、どんな人に出会ったか、そこでどんな時間を持ったかなど、いろいろな人に出会っている、という方向へ意識を向けていきましょう。

実際、特別なことは何もしなくても、毎日の生活の中でたくさんの人に出会っている、ということに気づけます。

そうしてあなたが気づけば、さらに出会いを引き寄せていくことになります。

パートナーが浪費家

例えば、結婚しているパートナーがお金遣いが荒くて困っているという場合。

あなたは、パートナーを浪費する人だと思っていて、その通りになっていますよね。

そしてさらに深いところでは、あなたは、自分自身が欲しいもの、買いたいものを我慢しているはずです。または、節約しなきゃ、節約しないと、と思っているはずです。

あなたの「節約したい」という願いを叶えるために、パートナーはせっせと浪費してくれているというわけです。

これを解決するには、自分自身も、欲しいものは、無理のない範囲で構いませんのでちゃんと買って、満たされることです。そして、必要以上の「節約しないと」という思いを手放していきましょう。

パートナーが働かない

パートナーが働かなくて困っているという場合。

自分がなんでもやってあげないといけない、頑張らなければ愛されない、頑張らない自分には価値がないと思っていませんか?

あなたの、「頑張りたい」という思いが強ければ強いほど、あなたが頑張ることのできる状況を創造します。その結果、パートナーは働かなくなるのです。

これは、例えば、同僚や部下など職場の人が働かない、という場合でも同じです。

あなたが、頑張らなきゃいけない、頑張らない自分には価値がない、頑張らない自分は愛されないと思えば思うほど、あなたがもっと頑張ることのできる状況を創造します。つまり、周りの人はどんどん働かなくなります。

この状況を解決するには、頑張ってはいけないというわけではないのですが、頑張らなければ評価されない、頑張らなければ愛されない、という思いを手放しましょう。何かを頑張るにしても、そうしなければいけないからではなくて、ただ自分がやりたいからやるというのが大事です。

職場の人間関係が悪い

例えば、上司がいつも無理難題を押し付けてくるような場合。

これも、パートナーや周りが働かなくなるというのによく似ていますが、あなた自身が「周囲の期待に応えなければいけない」「期待に応えられない自分には価値がない」「期待に応えない自分は愛されない」と思っていませんか？

そうすると、「みんなの期待に応えなければいけない、応えたい」という願いが叶うように、職場の上司などが無理難題を押し付けてくるということを演じ始めます。

誰かの期待を満たすための人生ではないということを思い出しましょう。あなたが、自分の魂に従ってやりたいことをやるための人生です。できることはできる、できないことはできないと、はっきり言っていいのです。

またあなたは、誰かの期待に応えなくても、そのままで価値のある存在だということを思い出しましょう。

そのように思考を転換していくと、無理難題を押し付けられることも無くなってきます。

また、職場で無視されたり冷たくされたりする、というような場合。

それは、自分で自分の気持ちを無視していたり、自分自身が自分に冷たく当たったりしている可能性がとても高いです。

自分の本当の気持ちを無視しないで、自分に優しくするというところから始めていきましょう。

嘘をついたりいい加減なあの人が大嫌い

周囲に嘘ばっかりついたり、いつもいい加減で無責任な人がいて、とても腹が立つし大嫌い、という場合。

正しくありたい、正しくなければいけない、正しくない自分は愛されない、と強く思っていませんか？　そうすると、あの人は間違っている！　と思えるようなことを見聞きするようになります。

自分が正しいということを主張するために、間違っている人を創造することもありますし、またその人は、「あなた、ちゃんとしてないと愛されないって思ってますよ」というお知らせをしてくれているだけなのです。つまり、そのいい加減な人を創造しているのも自分です。

本当は、どんなあなたでもあなたであり、どんなあなたでも許されている存在なのです。だから、「こうでないと愛されない」というのは間違った思い込みであり、その思い込みを見せてくれているのです。

他人はあなたの反映です、と言うと、いい加減な人が周囲にいる場合、あなたもいい加減だということではなくて、「こんな自分はダメだ」と自分に強く禁じていることや、許していない自分を見せてくれている、というケースがあります。

あなたの周りの大嫌いな人や困った人は、「こうならないように頑張っている自分」ということが言えます。その視点で見ると、あの大嫌いな人も自分だ、ということが納得できると思います。そして、そうなってもいいんだ、どんな自分でもいいんだ、と思えれば、その人は変わっていくのです。

家族や周囲の人がネガティブ

家族、例えば母親が自分が何かしようとする度に口うるさく言ってくる、というようなご相談もこれまで数多く頂きました。

例えば、野菜を洗おうとしただけで台所が汚れるとか、出かけてくると言うと、今のご時世は道を歩いていても危ないから出かけないほうがいいとか言ってくるというご相談内容だったのですが、このような場合、いくつか原因が考えられます。

自分が母親の期待に応えようと、いい人でいなくてはいけないと思っている場合。

その場合、母親があれこれ注文をつけて、それに沿うような行動を自分が取ることにより、自分の願いを叶えているということになります。

この場合は、いい人でいる必要はないし、母親の期待に応えるために生きているのではない、自分は自分のために生きているということを思い出しましょう。

また、自分に、あれをしてはいけない、これをしてはいけないと厳しくしているから、母親がそれを映しているということも考えられます。このご質問をくださった方は、シングルマザーだということなのですが、もしかすると、シングルマザーだということに引け目を感じているのかもしれません。そんな自分はダメだとか、そんな自分がこんなことをしてはいけない、などと思っているのかもしれません。そんな必要はまったくないのですが。

この場合は、母親がなんと言おうと、少しずつでも自分のやりたいことをちゃんとやって、自分に優しくしていくしかありません。

どちらの場合も、**母親を変えようとするのではなく、自分の中の何が母親にそうさせているのかという視点で考えてください。**

子供がたびたび問題を起こす

学校や友人関係などで、子供がたびたび問題を起こすので困っているという場合。

これには、いくつかの可能性があります。

ひとつは、先ほどと同じように、あなた自身がとても厳格な人で、「きちんとしていなければ愛されない」というような観念を持っているという場合。子供が、「そうじゃないよ、どんなあなたでもいいんだよ」ということをあなたに見せてくれているということが考えられます。

またもうひとつは、子供が問題を起こして子供にかかりっきりになることで、自分の人生でやるべきことから逃げているということも考えられます。子供が問題を起こすほうが、自分にとって都合がいいから、そのような状態を引き寄せるのです。

起きている現象については、それが表面上嫌なこと、大変なことであっても、必ずそれを起こしていることで得をしている自分が存在します。

信じられないかもしれませんが、そのほうが自分にとって都合がいいのです。

この状況が自分の望みが叶っているのだとしたら、どういう思いを私は抱いているのだろう？　と考えてみてください。

私にも娘が一人いますが、その経験から子育てについて言えることは、とにかく、その子の個性をそのまま伸ばしてあげればそれでいい、ということです。親は、その子がやりたいということをできるだけサポートするだけでいいのです。いい成績を取らなきゃ、いい子でいなきゃ、といろいろな制限を加えれば加えるほど、うまくいかなくなるでしょう。

なぜなら、「今のままではダメだ」と思うからそのようにするのであって、その思いが子供に反映するからです。

あなたがあなたのままでいいように、子供もその子のままでいいのです。
（子育てに関しましては、『見守るだけで、子どもは育つ』（ＳＢクリエイティブ）に詳しく書いておりますので、もっと詳しく知りたい方はそちらをお読みくださ い）

ここまでで挙げたいくつかの例は、あくまでも例であり、必ずこれが理由だ、ということではありません。もし、ものすごくピンとくるものがあれば、それは正解ですが、正解は、あなたが、あなた自身の心を深く深く探っていくことでしかたどり着けないものです。

他人を変える方法、嫌いな人を消す方法

他人を変えたり、嫌いな人を消す方法はいくつかあります。
まずは、その人のいいところを探すということ。

先ほど、子供が問題を起こすというケースを取り上げましたが、例えば、

- **子どもが〇〇だ**
- **〇〇して困る**
- **〇〇してくれない**

という思いを持っているのは自分です。
そして、目の前のお子さんは、あなたの思い通りになっています。すべてはい

つだってあなたの思い通りです。自分が信じていることが現実になっている。これに科学的な証明などなんにもいらないほど、当たり前のことです。

そのことに、本当の意味で気づくことが、あなたが望む世界を引き寄せる最初の一歩。

悩みを創っているのは、目の前の人ではなく自分なのです。

悩みが消える、と言うと、「悩みの対象」が消えたり変化することを期待したり望みますが、悩みが消えるとき、というのは、イコール「あなたの中で悩みが消えるとき」です。「あなたの中の思考や信念が変化する」ときなのです。

ですので、「子供が◯◯だから困った」という思いを、「この子はこんなところが素晴らしい」に変えていけばいいわけです。

「自分に都合の悪いこと」「自分の望まないこと」を信じながら、望む世界は創れません。

でも、「自分の望むこと」を信じれば、その世界が実現します。

子供であれば、この方法を使えるケースも多いかと思います。

しかし、子供と違い、嫌いな人というのはなかなか強力な存在なので、このやり方ができないケースというのは多いかもしれません。

誰にでも嫌いな人はいると思いますが、**あなたに嫌いな人がいるとして、あなたがその人を変えようとする、変わってほしいと思う限り絶対に変わりません。**

あなたの「この人が嫌だから変わってほしい」という信念が、「その人が嫌な人である」ということを支え続けてしまうからです。

そう、嫌な人を嫌な人たらしめているのは自分です。その嫌な人に力を与えているのは自分なのです。

あなたの嫌いな人は、あなたの中にしかいません。別の人から見たら、その人はいい人かもしれないのですから。

だから、あなたの中の嫌いな人を変化させたり、消滅させれば、その嫌いな人はいなくなるのです。嫌な人ではなくなります。

ここで、冒頭で引用した『ダンマパダ』の続きをご紹介しましょう。

「かれは、われを罵った。かれはわれを害した。かれはわれにうち勝った。かれはわれから強奪した」という思いをいだく人には、怨みはついに息むことがない。

「かれは、われを罵った。かれはわれを害した。かれはわれにうち勝った。かれはわれから強奪した」という思いをいだかない人には、ついに怨みが息む。

実にこの世においては、怨みに報いるに怨みを以てしたならば、ついに怨みの息むことがない。怨みをすててこそ息む。これは永遠の真理である。

つまり、すべては自分次第だということです。

「この人、ムカつく!」のは仕方がないですし、そんなあなたも全然ＯＫなのですが、そのままではあなたは幸せではないでしょう。だから、**自分のために、自分の思考の選択を変えていくのです。**そしてそこに、自分をもっと知っていく鍵が隠されています。

嫌いな人も自分であり、自分の内側の何かを映し出している、とはなかなか思えませんね。しかし、あなたの現実の中にいて、そしてその人がとても気になるということは、あなたの中のどこかを強く映し出しているということです。

自分が引き寄せていたんだ、と腑に落ちることは、自分をより知っていくことです。

なぜこれに気づくのが大事かと言うと、気づいた時点で相手を責めなくなるからです（原因は自分の思いにあるのだから）。

相手を責めなくなると、心がラクになり、確実に自分の波動が変わります。そして、心がラクになれば、あなたにとって心地いい現実を引き寄せることにつながり、問題が改善されます。

嫌いな人も自分だということに気づく。これができれば、本当に、その嫌いな人はあなたの現実からいなくなるか、大きく変わって嫌な人でなくなるか、いずれにしても変化が起きます。

病気の原因について

病気を引き寄せてしまう原因はいくつかあります。

まずは、あまりにも思考と波動がネガティブに傾いてしまっている場合。生きる気力を失うほどになってしまっている場合、病気のことを直接考えていなかったとしても、それが病気となって現れることがあります。

次に、無理をしているから休みなさい、というサインの場合。自我は頑張ろうとしていても、本当の自分は休みたいという場合、病気の形で現れることがあります。こういうときは素直に休んで、あまり自分を酷使しすぎないようにしましょう。

「新型コロナウイルスにかかって、幸いなことに軽症ではあったものの、なかなか退院できず入院が長引いたのはどうしてですか？」というご質問を頂いたこともあります。そうした場合、退院できないほうが自分にとって都合のいい何かがあったはずです（仕事に戻りたくないなど）。

また、自分の魂のプログラムからあまりにも大きくずれてしまっている場合に、魂の道へ引き戻すために、つまり、今やっていることをストップさせるために、病気という形でそれが現れることがあります。

そして、大きな病気については、人生の設定として、カルマでそうなっているという場合もあります。その場合でも、そこから何か気づきを得れば、状況は変わっていきます。

他にも、珍しい病気にかかることでその病気の治療法の確立に貢献する、など特殊な魂のシナリオがある、というような場合もあります。

いずれにせよ、その病気を自分で選択しているということを受け入れることにより、心の在り方が変わり、心の在り方が変わると、その後経験する現実も変わっていきます。

現実が変わるのは学びが終了したとき

現実が変わるとき、願いが叶うとき、というのは、ある学びが終了したとき、ということも言えます。というのは、自分に気づきがあったり、学んだりしたとき、必ず自分の内面が変わるからです。

自分の現実を引き寄せているのは自分の内面ですから、自分の内面が変われば、必ず映し出されている映像、つまり現実は変わります。これは嫌だな、困ったな、という状況に出くわしたら、自分の中のどんな思いが、現実を創造しているのか、相手をそうさせているのか、という視点を持ち、深く深く内面を探って考えてみてください。すぐにはわからないこともありますが、わかるまで何度も自分に問いかけてみてください。

状況を嘆いたり、相手を責めているうちはなんにも変わりません。**あなたが自分の内側に目を向け始めれば、必ずどこからかヒントやサインがもたらされます。**

そして、あなたは、自分のことについて、またひとつ理解し、学ぶことになるのです。

ひとつあなたが学べば、問題が解決したり、願いが叶ったりします。

第七章　仮想現実に生きる

この世界はマトリックス

映画『マトリックス』を見たことがありますか？　主人公ネオがトリニティとモーフィアスに出会い、この世界を抜け出し、これまで生きてきた世界が仮想現実だったと知ります。

こんなふうに、現実だと思っていた世界は、仮想現実だったと知ること。これに気づいていく段階が、世界は自分の内面の反映だということを理解し、自由に現実を創造することができるようになった次の段階になります。

物理学者たちは、宇宙は無から始まったと言い、それを仏教では、色即是空と言っています。

見えているこの世界は、目に見えないデータをもとに映し出されている仮想現実であり、実体はデータのほうなのです。そして、そのデータとは、あなたの精神であり心です。だからこそ、あなたの心が変われば、映し出されるものも変わります。

この世界は仮想現実だとか、すべては空だと言うと、生きている意味は何もないのかと思ったり、自分を否定されたような気持ちになったり、生きる気力を失う人がいるのですが、その必要はありません。

これは今後の書籍でお伝えしていきますが、**すべては空である、という最高の真理を知ること、つまり、本当の自分は何かということを知ることが、すべての人の奥底に眠る共通の願いでもある**のです。

これが、第一章でご紹介した、欲求の第三段階、第四段階になります。

この話は、また次回以降の書籍で詳しく語るとして、この仮想現実の中では自分という個人は確かに存在しますし、個の意識を持って三次元で生きることはとても意味のある大事なことなのです。三次元世界でしか気づけないことがたくさんありますから。

この世は仮想現実なんだよ、と言われても、「はい、そうですか、」と納得できない人も多いかもしれませんが、これを読んでいる人は、この世が仮想現実だなんて聞いたことも考えたこともない人よりは、真実に近い場所にいるということになります。

そして、なぜあなたがこれを読んでいるかと言うと、過去世からの積み重ねで、ちゃんとこのゲームを進めてきていて、ステージが進んでいるからです。

この世界が仮想現実だと理解し心から納得すること、すべては目に見えない真空から生み出されており、自分というのはキャラクターであり、本当は存在しないこと、すべては空であること。

それらを受け入れたとき、この仮想現実から解脱することになります。

解脱したとしても、この仮想現実をそのまま生きていかなくてはいけないので、解脱したからなんなの？　と思う人もいると思うのですが、結局のところ、この世界が仮想現実だということが本当にわかれば、現実への執着はなくなり、ただ自分の思う通りに楽しめばいいと思えるようになり、人生はとても生きやすいものになっていきます。

空は虚無ではなく、無は無意味ではありません。仮想現実だとわかっても、解脱しても、生きる意味を失ったりはしないのです。

自我とは

この仮想現実の中では、私たちは自我というものを持ち、個人として存在します。

自我とはなんでしょうか?

もしあなたが田中さんという名前だとしたら、「自分は田中という肉体をもつひとりの人間だ」という認識があると思いますが、それが自我です。

これがあるから、あなたはこの人間世界で生きていけます。ですので、それはなくてはならないものです。

しかし、それは錯覚なのです。もし、あなたの肉体が果てるときが来ても、あなたは消えるわけではありません。

それに、もし肉体と脳が自分だとして、例えば、あなたがダイエットで五キロ痩せたとします。そうしたら、そのお肉は誰なのでしょうか？　今日食べてあなたの身体に入ったものは、あなたなのでしょうか？　あなたは身体である、とは言えませんね。

また、あなたから見たあなた、Aさんから見たあなた、Bさんから見たあなた、Cさんから見たあなた、それらはみんな違います。確固とした「あなた」という存在なんて、どこにもいないのです。

「自我を自我として自覚する」、つまり、「田中という人間はこの仮想現実を生きるために創られたキャラクターだと認識する」。これが仮想現実から抜け出る第一

歩です。そして、**人間ゲームは、自分を超え、自我を超え、本当の自分は誰だったのかを思い出す旅**なのです。

つまり、自分は田中さんではなかった、すべてだった、宇宙だった、空だったのだと気づくとき、それが自我が消滅するときです。

あなたが自我を持っている限り、あの世でも、自分を中心とした世界を創り上げます。そして、輪廻転生し続けます。しかし、**自分は「個」ではなかったと気づいたならば、そのときあなたは輪廻転生の輪から解脱し、あなたがすべて、あなたが宇宙となるのです。**

自分をなくす、自我をなくす

この**仮想現実における人間ゲームの前半は、自我をなくしていくゲーム**です。

自分をなくす、自我をなくす、と言うと、自分という軸を持たずに、人に合わせて消極的に生きていくことのように思ってしまうかもしれませんが、まったくそういうことではなくて、自分がないということは、傷つけられる自分というものがないということ。

だから、恐れる必要がないから、思うままに、思う通りに、積極的にイキイキと、ただ好きなことをして生きていくということ。

自我が消えていくと、何ごとにも固執しなくなり、自分が自分が、というような思いが消え、自分を主張する必要もなくなります。自分がないから、自分を守る必要がないので他人の評価から解放されて、結果もどうでもよくなり、恥ずかしさや恐れも消え、自由に生きることができるようになります。

つまり、そのままで自然体で生きるということ。

不思議ですが、自分をなくせばなくすほど、自分を生きやすくなるということが起こります。

第三章で魂の望みを生きていくことをお伝えしましたが、魂から生きていると、自然と、だんだんとこの状態になってきます。

魂から生きる、と言うと、自我を追求するように感じるかもしれませんが、魂の望みを見つけるということは、自分がそのままでいられる場所、自分が全体にピタッとはまる場所で生きるということなので、自分を飾る必要も、作る必要も、評価を得る必要も、自分を主張する必要もなくなるということが起こってくるのです。

つまり、自我がない状態というのは、やりたいように自由気ままに生きるけれど、結局のところなんでもオッケーさ、の境地に生きるということ。

このような感じで、**三次元的なことがいい意味でどうでもよくなってくると、執着がなくなり、本当に望んでいることを引き寄せやすい状態になっていきます。**

未来は決まっているのか？

科学的には、ニュートン力学以前の物理学（古典力学）では、現時点での物の状態がすべて正確にわかっていれば、未来に起こることは完全に予測できる（例えば、ビリヤードで、同じ場所で同じ球を同じように打てば、その軌道は決まっている）、つまり、未来は決まっているとされていたのですが、その後、量子力学が発展してきて、電子や素粒子など、目に見えない世界では、そうではないということがわかってきました。

ひとつの電子が、まったく同じ条件下にあったとしても、その電子が右へ行くのか左へ行くのか、それは可能性の範囲でしかわかりません。粒子は、粒であり、波である、ということを聞いたことがある人もいるかもしれませんが、人間が観測しているときは、粒の状態（位置が決まっている状態）であり、観測していないと波の状態（位置が可能性でしかわからない状態。可能性の中で、どこにでも存在しうる状態であり、同時に存在している状態）なのです。

いくつかの可能性（シナリオ）が波の中に同時に存在していて、その中からどれを選ぶかは、自分が選んだ視点で決まります。

つまり、人生とはアミダくじのようなものなのです。

アミダくじの中にないものは経験できませんが、ルートはひとつではないのです。つまり、魂のシナリオは用意されていて、それは決まっていますが、そのシナリオはひとつではありません。複雑に糸が絡み合っており、その糸からどれを引っ張るか、それはあなたの心次第です。

無数にあるシナリオのうち、あなたが良い心を選べば最良のシナリオが展開さ

れ、悪い心を選べば最悪のシナリオが展開されます。

そして、**ではどうやってその可能性の波を起こすかと言うと、あなたが意思を持つ、ということ。それが、すべての始まり。創造の始まりなのです。**

あなたが意思を持つことにより、可能性の波が起こるのです。

そして、あなたが起こした可能性の中にないものは起こりませんが、可能性の範囲で未来は選べます。

この仮想現実の中では、あなたという肉体はキャラクターです。キャラクターがいくら頑張っても、そのストーリーは変えることはできません。しかし、**自分というのは個の肉体ではなく、「すべて」であり、それは心であり、その心が創造しているということに気づいたら、創造主となり、創造できるようになるのです。**

目に見える物質的な法則だけを見ると、未来は決まっているように思えるのですが、私たちも含め、すべては素粒子であり、あらゆる可能性が同時に存在していて、それを選んでいくことができるのです。

そして、**創造する起点は、いつだって「今」**です。

だから、今自分の選択を変えると、それが可能性を創造し、未来は当然変わります。

というよりは、未来は存在するものではなく、今しかないのです。

創造主は、あくまでもあなたです。

占いやリーディングなどで、未来のことを言われ、その通りになった経験や、自分でも、自分の未来が多少わかるようなことはよくあるのですが、それは、未来は決まっているのではなく、現時点での「もっとも可能性のあるシナリオ」を読み取っているのではないかと思います。

ですので、意思のはっきりしている人はその通りになりやすいし、曖昧な人や疑っている人は、あまり当たらなかったり、いろいろな人に違うことを言われたりする、ということになります。それもただ、自分の心が反映しているだけです。

結局のところ、**未来は決まっていると思えば決まっている世界が展開されるし、**

決まっていないと思えばその世界が展開されていきます。それほどまでに、あなたは創造主なのです。

そして、**目に映るものに、「偶然」や「たまたま」はありません。全部、自分の魂のプログラム、そして自分の心の反映**です。

でももちろん、「たまたま」だと思うのも自由で、そう決めたのであれば、自分の心と現実のあいだに関連性を見出すことのできないような世界を、その人は創造するということです。

ただし、起こる出来事を「たまたま」ということにしていると、眠ったまま現実に翻弄されることになってしまいます。心と現実の関連性を見抜くことが、最初の目覚めだからです。

そして**その最初の目覚めを経て、形のない心のほうが本当の自分で、目に見えているこの世界はそこから映し出されている映像に過ぎないんだ、という本格的な目覚めにつながります。**

お金のない世界に行く方法

過去、私がとても影響を受けた書籍、『アミ小さな宇宙人』（徳間書店）に、オフィルという進化した惑星が出てくるのですが、そこにはお金や所有の概念がなく、人々はその人が好きなことや得意なことをして、必要なものを分け合って暮らしています。

それを読んだ当時、私はものすごくお金のない世界に憧れました。

当時、私にとってお金を稼ぐということは、特にやりたいわけではないことをやらないとできないことであり、苦しいことだったからです。

そして、世界にはお金のために苦しんでいる人がたくさんいて、一方で有り余るお金を持っている人もいて、とても不公平に感じていました。

そして、宇宙人が地球に降りてきて、今の地球のシステムを変えてくれないかな、なんて思っていたのです。

お金のない世界に行きたいなとか。

でもその後、お金のない世界に行けたらラクになれるのに、というのはただの逃げだと気づきました。

私たちは、地球というお金のある世界を自ら選んで、そこに学びに来ているわけです。

だから、お金のない世界に逃げようとするのではなく、そこで、自らが幸せに生きる道を選択しないといけない、ということに気づいたのです。外側は先には変わらないのです。絶対に変わりません。

内側が変わらなければ、外側が変わることはありません。

今すぐ別の世界へ行くことはできませんし、そんなものはないのですが、**あなたの内側が変われば、今いる場所で、あなたは別の世界を体験できるのです。**そして、お金のある地球でも、お金のない世界と同じように生きることは可能なのです。

それは、今よりどれだけお金があっても今と同じような生活をするなら、そして、今よりどれだけお金を稼げる別の仕事があったとしても今と同じ仕事をするなら、それはお金に影響されてないということであり、もうお金のない世界にいるのと同じだということです（今の状態から変化させないという意味ではなく、そのときそのときで、自分を我慢させることなく使いたいものにお金を使い、やりたいことでお金を稼ぐということ）。

いずれ、地球からもお金が消えるときが来るかもしれません。

でも、次の世界に行けるのは、今いる世界で、自分自身の考えや行動を変えることにより、自分自身が別の世界を選択したときです。

周りが変わるのを待っていても、いつまで経っても変わりません。

自分が世界なのだから。

まずは今いるところで、理想の世界を実現しましょう。

善も悪も、すべては許されている

あなたが正しくありたい、という思いを持っていたら、あなたは悪をあなたの現実の中に見ることになります。悪がなければ、自分が正しいということがわからないからです。

つまり、悪も、あなたが生み出したものということです。

あなたは完全であり、あなたの中にないもの、欠けているものなんてないのです。すべてはあなたという心のデータの中に存在し、それが映し出されただけのものであり、すべてはあなたの中に存在します。すべてが存在するのだから、悪だけは自分の中にはない、ということはあり得ないのです。

悪を倒そうと、悪を消そうとするのは、正義であり、いいことであると思うのが普通ですが、しかし、そうしようとすればするほど、悪は存在し続けます。

あなたが消したいと思うならば、悪がないと消せないからです。

ではどうすればいいかと言うと、**すべてが自分の中にあることに気づき、善でも悪でも、すべては許されているということを知ること**です。

自分の出したものは必ず自分に返ってきますので、悪いこと、つまり嘘をついたり、人を騙したり、人を傷つけたりなど、そのようなことはもちろんお勧めはできませんし、悪い心に従っていれば、あなたの精神次元は簡単に地獄へ落ちます。そして、この現実世界で犯罪を犯せば、もちろんその責任は自分で取らなくてはいけません。だから私はやりませんし、もちろんやらないほうがいいのです。ただし、これらのことは、やってはいけないことではないのです。もしやってはいけないことであれば、そうできないようにそもそもなっているはずです。責任は自分では取らなくてはいけませんが、その人次第でできなくはないことなのです。

自分は正しい選択をするし、正しくありたいけど、人がどのような選択をするのかは自由、その責任は本人が取るのだからと、このように考えていけば、あな

たは、悪を現実世界に映し出すのをやめることができます。

このように書くと誤解を受けるかもしれませんが、地球は、すでにありのままで完璧であり、どこも目指しておらず、よくなる必要もないのです。

すべては、すでに完璧です。

変えなくてはいけないものなんて何もありません。

変えようとすると変わらない、というのはすでに書きました。

この世界を変えよう、ではなく、この世界をそのまま受け入れる。そしてこの世界の中で、自分の経験したいものを自分がただ選択する。すでにある喜び、楽しさ、幸せ、それをただ見つける。

あなたがすべてを受け入れたとき、何を見たとしても、あなたの心は平穏でいられます。それが、あなたが本当に望んでいること。

ありのままの世界を受け入れたとき、あなたが本当に望んでいた世界がそこに姿

を現すでしょう。

自分で考え、自分で決め、自分で行動する

あなたは、すべてを創造している創造主であり、その創造されたものすべてです。選択するのはあなた。そして、その選択によって創造するのもあなた。あなたの世界を選択し創造できるのはあなただけ。

今、どんな思考を選択するか、どんな意思を発するか、どんな波動を出すかにより、あなたは、あなたの世界を選択し続けています。毎日の日常生活の中で起きてくることに対し、何を感じるか、どういうものの見方をするか、そして、ど

う生きていきたいのか。それによって、誰もが自分の現実を選び続けています。

毎日毎分毎瞬、日常生活の中で、あなたは選択と創造を続けているのです。

修行をしたり、なんとかワークをしたら、人生がよくなるわけでもなく（そういうことで、心が落ち着くならそれはいいことですが）、何かを持っていたり、身につけたりしたら、人生が変わるということもなく（あなたの選択の助けになってくれることはありますが）、あなた以外の誰かや、龍などの見えない存在が、あなたを望む世界へ連れて行ってくれるということもないのです（見守ってくれたりヒントやサインはくれますが）。会社や社会があなたを不幸にしたり、幸せにしてくれることも、誰かがあなたを不幸にしたり、幸せにしてくれることもありません。

覚悟を決めて、本当に自分で選択していきましょう。
あなたの世界を創るのはあなただけなのです。

第七章　仮想現実に生きる

おわりに

小さな頃から、自分の心が現実に反映するということは、誰に教えられることもなくなんとなくわかっていたのですが（おそらく、前世でもそのことを研究していたのかもしれません）、それをはっきりと認識し、「引き寄せの法則」という言葉を知ったのは今から八年ほど前になります。

私自身、この八年間、「引き寄せの法則」を通じ、この世の仕組みを理解して様々な願いを叶えながら、本当の幸せとは何かを理解し、そして今では、その先の段階へと進みました。

本書は処女作である『「引き寄せ」の教科書』の続編になりますが、前作が出てから七年が経ちました。今や本を書くことはライフワークのひとつになり、著書は三十冊を超えていますが、当時はたとえ一冊であっても自分の書いたものが本になったということだけで、驚きと喜びを隠せませんでした。そしてあの頃の私は、魂の願いを叶えることが面白くて仕方なく、心が現実に映る仕組みに対する興味は尽きることもなく、そのことを楽しんでいました。

そして、様々な願いはすべて実現し、私の人生は面白いように変わっていきました（何がどのように叶っていったのかは、『復刻改訂版「引き寄せ」の教科書』（Clover出版）に書いておりますので、ご興味のある方はそちらをお読みください）。

あのときの私と今の私はまったく違う世界に生きています。これこそまさに自分の魂に従って、その可能性の世界を徐々に移動してきた結果です。

その中で、私の「引き寄せの法則」、創造の法則に対する理解もますます進んでいきました。

そして私自身は、その先の段階へ進みましたが、次の段階へ進んだことにより、その全貌がさらにはっきりと見えてきました。

本書では、それを余すところなくお伝えいたしました。

今、私自身は、本書で言うところの第三段階から第四段階へと移行しつつある状態であり、そのため、この世の願いを叶えるということについては、以前ほど興味がなくなってきました。

もちろん、肉体を持っている以上、食べるものも着るものも住むところも必要ですが、それらは、本当に望めばその通りになる、ということがわかっているため、求めていないのです。

ただ、私の通ってきた道、特に第二段階というのは、第三段階以上へ移行するための大事な過程であると感じているため、「引き寄せの法則」についての集大成として、本書を執筆することにしました。

おそらくこれが、私にとって「引き寄せの法則」に関する最後の本になるのではないかと思います。

『「引き寄せ」の教科書』を書いてからも、私の学びは日に日に進み、あの頃わかっていなかったことに、さらに理解がもたらされるというようなこともありました。そのうち一番大きなものは、当時は私たちが生きている地球をはじめ、天体の運行など、舞台はそもそも用意されたものだと思っていたのですが、それがどうやら、この惑星、そして時間と空間、宇宙の一切を自分で創っており、それは夢のようなものなのだ、ということです。

なかなか、自分が宇宙の一切の創造主である、ということまでには、一気に到達するものではないので、『「引き寄せ」の教科書』は初心者用、本書は上級者用として読んで頂けましたら幸いです。

本書により、引き寄せについての疑問はすべて吹き飛んだのではないかと思います。そして、どのようにすれば、本当に望んでいる人生にたどり着けるのか、そのすべてを書きました。

本書が、あなたの人生にお役に立てたなら幸いです。

最後になりましたが、いつもブログやマガジンを読んでくださる読者の皆様、私の最初の本を手がけてくださり、そして今また、本書の刊行の機会を与えてくださったClover出版の小田編集長、また、これまで私の人生で出会ったすべての人と、すべての出来事に感謝いたします。

二〇二一年五月　奥平亜美衣

Amy Okudaira
奥平 亜美衣（おくだいら・あみい）

1977 年兵庫県生まれ。お茶の水女子大学卒。
幼少の頃より、自分の考えていることと現実には関係があると感じていたが、2012 年に『サラとソロモン』『引き寄せの法則ーエイブラハムとの対話』との出会いにより、「引き寄せの法則」を知り、自分と世界との関係を思い出す。

当時、ごく普通の会社員だったが、「引き寄せの法則」を知ることにより現実が激変し、2014 年に初の著書『「引き寄せ」の教科書』を刊行、ベストセラーとなる。
その後も著書は次々とベストセラーとなり、累計部数は 85 万部を突破。

2019 年初の小説および翻訳本上梓。
2020 年 4 月、コロナ騒動で自宅に引きこもっている間に、宇宙すべてが自分なのだ、という目覚めがあり、無であり無限である「わたし」を思い出す。

オフィシャルブログ
http://lineblog.me/amyokudaira/

参考文献：中村 元『ブッダの真理のことば・感興のことば』(岩波文庫)

装丁／冨澤 崇(EBranch)
編集 & 本文design／小田実紀
DTP／a.iil《伊藤彩香》
イラスト／門川洋子
校正協力／新名哲明・あきやま貴子

本書のご注文、内容に関するお問い合わせは
Clover 出版あてにお願い申し上げます。

「引き寄せ」の教科書 最終編
「創造」の教科書
初版1刷発行 ● 2021年5月20日

著者
Amy Okudaira

発行者
小田 実紀

発行所
株式会社Clover出版
〒101-0051 東京都千代田区神田神保町3丁目27番地8 三輪ビル5階
Tel.03(6910)0605 Fax.03(6910)0606 http://cloverpub.jp

印刷所
日経印刷株式会社

ISBN978-4-86734-020-2 C0011